도시의 복음,
공동체로 말하다!

도시의 복음,
공동체로 말하다!

기획 | 도시공동체연구소
책임편집 | 성석환
펴낸이 | 원성삼
표지 디자인 | 안은숙
펴낸곳 | 예영커뮤니케이션
초판 1쇄 발행 | 2025년 3월 13일
등록일 | 1992년 3월 1일 제2-1349호
주소 | 03128 서울시 종로구 대학로3길 29, 313호 (연지동, 한국교회100주년기념관)
전화 | (02) 766-8931
팩스 | (02) 766-8934
이메일 | jeyoung_shadow@naver.com
ISBN 979-11-89887-90-2 (93230)

값 14,000원

모든 인간은 하나님의 형상을 닮은 존귀한 존재입니다. 사람은 인종, 민족, 피부색, 문화, 언어에 관계없이 모두 다 존귀합니다. 예영커뮤니케이션은 이러한 정신에 근거해 모든 인간이 존귀한 삶을 사는 데 필요한 지식과 문화를 예수 그리스도의 사랑으로 보급함으로써 우리가 속한 사회에 기여하고자 합니다.

도시의 복음, 공동체로 말하다!

도시로 파송된 교회들의 공적 선교 이야기

도시공동체연구소 기획 / 성석환 책임편집

예영

김영신 목사

도시공동체연구소 이사장/송도예수소망교회

2010년 설립된 도시공동체연구소는 지난 10여 년 한국적인 선교적 교회 운동을 모색하며 꾸준하게 '교회와 공동선(Church for the Common Good: CCG)'에 대한 세미나를 진행해 왔습니다. 교회가 지역사회의 건강한 일원으로서 어떻게 지역 공동체를 세워야 하는지에 대한 이론적 토대를 제공하고 실제 사례들을 소개하려고 노력해왔습니다.

이 책에는 복음을 공동선을 위한 공동체로 증언하려는 흔적들로 가득 차 있습니다. 헌신적으로 써 내려간 모든 필진들의 글들이 주는 울림과 깨달음이 한국적 선교적 교회 운동의 새로운 전환의 초석을 놓는 걸음걸음이 되리라 확신합니다. 이 책은 실추된 한국 교회의 위상을 회복할 수 있는 통찰들로 가득 차 있습니다.

첫 글 〈서문〉에서 한국 선교적 교회 운동을 주도적으로 견인해 온 본 연구소 소장 성석환 교수님은 공동선을 추구하는 교회들이 복음을 이웃사랑의 실천과 사회적 책임 의식을 갖춘 신앙공동체로 증언할 것을 다시 한번 새롭게 주문합니다.

이어지는 1부의 이대헌 교수님과 김윤서 박사님의 이론적인 글을 씨줄로 삼고 2부에서 소개되는 도시 사회와 함께 호흡하고 있는 하모니포씨티, 하나의 공동체, 사회적협동조합 와룡, 하늘샘교회, 오롯이상조/오롯이서재, 이 다섯 믿음의 공동체에 대한 글을 날줄 삼아 한국적 선교운동의 이론과 실제를 직조해 엮어보았습니다.

본 연구소의 시작부터 지금까지 늘 동행해주신 이대헌 교수님과 새로운 필진으로 함께 해주신 김윤서 박사님의 글은 '이론'이란 제목 아래 묶였습니다만 단순한 이론이 아닌 현장을 담은 실천적 이론이라 하겠습니다. 하나님 나라의 복음과 사회문화적 상황의 소통을 늘 강조하시는 이대헌 교수님의 글과 공주에서 실제로 마을목회를 위해 고민하시는 김윤서 박사님의 실천적 이론을 담은 글로 이번 책의 이론의 틀을 잡게 되어 감사합니다.

2부의 필진으로 참여하신 분들 중 특별히 김상덕 교수님, 강선규 이사장님, 김종수 목사님 세 분은 본 연구소가 진행했던 '교회와 공동선(Church for the Common Good: CCG)' 세미나의 주 강사로 섬겨주신 분들입니다. 세 분의 발표가 저를 포함한 세미나 참석자들에게 남긴 깊은 통찰과 감동적인 인상은 잊혀지지 않습니다. 이렇게 다시 글로 만날 수 있도록 원고를 써 주셔서 깊은 감사를 드립니다.

출판을 위해 애써주신 본 연구소의 편집위원들에게도 아울러 감사를 드리며 우리 연구소와 이 책이 한국적 선교적 교회 운동에 쓰임 받기를 간절히 소망합니다.

허대광 목사

하모니포씨티 상임대표/판교하모니성음교회

이 책의 출간에 참여한 여러 연구자들과 선교적 교회를 위해 수고하신 여러 교회에 깊은 존경의 마음을 전합니다. 특히, 한 권의 책으로 표현된 이 사역들이 있기까지 수고를 아끼지 않으신 성석환 교수님께 감사의 마음을 전합니다.

역사상 유례없는 큰 양적 성장을 경험한 한국 교회는 그 나름의 역사적 사명을 감당하며 쓰임 받아 왔습니다. 하지만 급격한 세상의 변화 속에서 한국 교회는 변화를 주도하거나 받아들이지 못했습니다. 오히려 한국 교회는 한국 사회에서 빛과 소금으로서의 위상과 기능을 상실한 채 세상 사람들의 근심거리로 전락했습니다. 뿐만 아니라, 성장이 멎은 한국 교회는 한국 사회를 향해 나아가거나 교회 밖의 사람들에게 그들이 알아들을 만한 선교적 사역이나 메시지를 전하기보다는 수평 이동을 통한 각 교회의 양적 성장을 위해 내부경쟁을 하고 있는 상황입니다. 하나님께서 우리에게 주신 진정한 복음의 영향력은 개인 구원의 문제를 넘어 하나님 나라의 회복을 위한 하나님 나라 백성들의 삶으로 선포되어야 합니다. 하나님 나라 복음을 선포하기 위해 부름 받은 교회는 교회

자체의 양적성장에만 매달려서는 안 됩니다. "아버지께서 나를 보낸 것 같이 나도 너희를 세상에 보내노라!" 말씀하신 그리스도의 명령을 따라 세상과 지역사회 그리고 사회적 약자를 향해 나아가야 합니다.

하모니포씨티는 성남시를 중심으로 지역의 노숙인과 돌봄이 필요한 취약계층의 청소년들에게 하나님은 사랑이심을 알려주려 노력하고 있습니다.

2014년부터 시작된 하모니포씨티의 사역은,

첫째, 교회연합사역입니다.
각각의 사역에 관심 있는 지역교회들이 함께 사역하는 일종의 플랫폼 사역입니다. 하모니포씨티의 각각의 사역을 대표하는 교회들은 각각의 교회로 존재하지만, 각각의 소명을 따라 서로 다른 의미 있는 사역을 감당하며, 그 사역의 합으로 좀 더 의미 있는 하나의 교회를 꿈꿉니다.

둘째, 공적인 법인격을 가진 공익법인(지정기부금 단체)입니다.
비영리사단법인으로서 설립된 하모니포씨티는 경기도 특히, 성남시를 중심으로 지역의 어려운 이웃을 위해 회비를 내는 100명의 회원으로 시작되었습니다. 단체 설립 5년이 지난 후 지정기부금 단체로 지정되었고 그 이후 교회뿐 아니라 지자체와 기업 그리고 더 많은 교회 밖의 사람의 참여가 가능해졌습니다. 이제는 공익법인으로서 교회를 넘어 세상과 소통함으로 교회에 대한 교회 밖 사람들의 생각을 바꾸는 사역을 감당하고 있습니다.

셋째, 참여하는 교회 교인의 선교적 훈련의 장입니다.

각 교회들이 지역과 사회적약자들을 섬기는 기회를 통해 성남시와 선교지의 난민촌에서 깨어진 사람들과 소통하고 있습니다. 그들의 필요를 듣고 섬기는 과정에서 보냄 받은 세상에서 그리스도인이 어떻게 선교적 삶을 살아야 하는지 그 방법을 훈련받고 있습니다.

도시의 복음, 공동체로 말하다!

여기 수년에서 수십 년에 이르기까지 각각의 보냄 받은 그곳에서 진정한 선교적 공동체를 세우기 위해 노력한 분들의 사역이 있습니다. 이들의 사역은 교회가 개인주의와 물량주의로 비판받는 상황에서 교회가 무엇인가를 묻는 사람들에게 진정한 복음의 가치를 담아낸 공동체를 세워감으로 도시의 복음을 전하려고 노력해왔습니다. 그들의 선교적 삶의 흔적들을 존경하는 마음으로 바라봅니다. 같은 마음으로 달려갈 것을 다짐하면서 응원합니다.

하나님은 살아계셔서 여전히 우리를 위해 일하고 계십니다. 진정한 공동체를 통해 도시의 복음을 힘 있게 감당하려는 이 노력에 더 많은 교회와 동역자들이 함께하기를 기도합니다.

| 감사의 말씀 |

이 책의 출판을 위해 재정적으로 헌신해 주신 〈하모니포씨티(대표 허대광)〉와 〈셰익스피어 하우스(대표 차기석)〉 관계자분들께 감사드립니다. 또한 이 책의 출판을 허락해 주신 〈예영커뮤니케이션(대표 원성삼)〉과 편집진의 선교적 열정에 감사드립니다. 마지막으로 귀한 원고를 기꺼이 제공해 주신 집필자들과 행정적으로 지원해 주신 도시공동체연구소(도공연)의 최준수, 배혜인 간사의 수고에 감사드립니다.

| 차 례 |

도시의 복음, 공동체로 말하다!
"한국의 '선교적 교회' 운동의 새로운 전환"

성석환 소장

도시공동체연구소/장로회신학대학교 교수

들어가는 말

코로나19 바이러스로 인해 발생한 팬데믹은 다른 나라와 마찬가지로 한국 사회의 여러 부분에 큰 영향을 끼쳤다. 고립된 채 생명의 위협을 느껴야 했던 삼여 년 동안 인간은 혼자 살아갈 수 없는 존재임을 다시 확인했고 서로 돕지 않으면 함께 공멸한다는 것도 알게 되었다. 물론 팬데믹(pandemic)이 종료된 후의 세계는 다시 이전의 모습으로 돌아간 듯 보이지만, 인간의 삶이 많은 부분 변화되었다. 비대면 시대에 소통을 위해 개발된 기술적 발전은 인공지능 시대를 열었고, 디지털 라이프 스타일은 사람들을 오프라인에서의 개별적인 생활 방식을 확산시켰다. 특히 젊은 층은 온라인에서 연결되어 있지만, 오프라인에서 개인의 정보와 일상을 공유하는 일의 중요성은 줄어들었다.

공공 기관이나 시민 단체에서는 팬데믹 기간에도 각종 정책이나 공모 사업을 통해 만날 수 없는 이들을 연결하려는 다양한 프로그램을 시도했었다. '마을 만들기'나 '공동체 사업'을 통해 고립된 이들에게 공공

서비스를 제공하는 시도들이 많이 있었는데, 생존의 위험에 내몰리는 소외된 이들을 공동체 안으로 포용하려는 것이었다. 특히 도시에서는 무연고자나 독거노인들의 '고독사'가 늘어나고 있어서, 국가적 재난이나 위기 상황에서 이들에 대한 사회적 관심이 더욱 절실하다.

성경은 '고아', '과부', '나그네'가 배제되지 않도록 해야 한다고 말한다. 사회적으로 고립된 이들에 대한 주님의 사랑은 각별했다. 동네와 성읍에서 주목받지 못하고 심지어 미움을 받던 이들이 주님을 따르는 무리 가운데 넘쳐났다. 가난한 사람들과 죄인이라 손가락질 당하던 이들이 천국의 잔치에 초청되었다. 그들은 언제나 외톨이였고 고독감으로 괴로워한 사람들이었을 것이다. 그런데 구세주라 일컫는 이가 자신들을 주인공처럼 대하는 것에 크게 감동하였을 것이다. 주님이 전하신 하나님 나라의 복음은 그들과 더불어 살아가는 것으로 증언되었다.

본회퍼는 그리스도인의 사귐에 있어서 가장 중요한 것을 두 가지로 정리한다. 첫째, 그리스도인 형제의 사귐은 이상이 아니라 현실이다. 둘째, 그리스도인 형제의 사귐은 심리적 현실이 아니라 영적 현실이다. 이것은 그리스도가 이루신 새로운 현실(reality)이 유일한 공동체의 토대가 될 수 있다는 것이며, 그래서 우리의 공동체는 심리적 공동체, 혹은 정신적 공동체가 아니라 영적인 공동체라고 한다. 그것이 '영적인' 이유는 성령께서 이끄시는 진리의 공동체이기 때문이다. 그래서 경건한 자들의 공동체가 아니라 '영적인' 사람들의 공동체이다. '정신적' 공동체는 개인적인 세력권과 힘이 추구되고 장려된다. 사랑을 빙자한 위로의 심리적 기술이 판을 친다. 이런 이웃사랑은 희생의 능력과 열정적 헌신이 나타나 결과로는 그리스도인의 사랑을 능가할 수도 있다. 그러나 그것은 그를 지배하고 소유하려는 욕망에서 나오며 결코 그를 사랑하고 섬기지

는 않는다. 이런 갈망으로는 공동체를 형성할 수 없다. '영적인' 공동체
는 그리스도의 사랑을 매개로 형성된다. 원수를 형제처럼 사랑하는 힘
은 그리스도의 사랑에서 온다. 모든 조직과 제도와 차별적 관계를 전제
로 하는 공동체는 지속될 수 없고, 오직 그리스도를 중심으로 하는 보편
적 교회에 한 부분으로 참여할 때만 가능한 것이 '영적인' 공동체이다.[1]

본회퍼의 이런 주장을 비그리스도인과 연대는 불가능하며 오직 진정
한 공동체는 신앙공동체만이 가능하다는 배제의 논리로 이해한다면 큰
오해이다. 오히려 오늘날 현대 교회가 혹시 '정신적' 공동체에 머물러
있는 것은 아닌지 살펴야 하고, 그리스도의 현실로서의 '영적' 공동체로
서 이웃을 진정으로 섬기고 사랑하는 일을 통해 하나님 나라를 증언해
야 한다. '영적' 공동체가 아니라면, 진정한 이웃사랑도 할 수가 없다. 지
역사회의 교회가 이웃을 섬기고 그리스도인의 공동체가 증언하는 하나
님 나라를 표현할 수 없다. 이웃을 섬긴다면서 자칫 교회의 갈망과 이기
심으로 이웃을 대하면서 비난을 사기도 한다. 교회가 분쟁하고 다툼에
빠지면서 지역사회에 부정적 인상을 남기는 경우도 비일비재하다.

한국적 '선교적 교회' 운동

'선교적 교회(Missional Church)' 운동은 그리스도를 믿는 신앙공동체
가 '영적인' 공동체로서 이웃을 향해 하나님의 나라를 증언하고 표현하
려는 새로운 교회 운동이다. 20세기 후반 북미의 교회들에서 시작된 이

---

1 Dietrich Bonhoeffer, *Gemeinsmaes Leben/Das Gebetbuch der Bibel*, 정지련,
   손규태 역, 『신도의 공동생활/성서의 기도서』 (서울: 대한기독교서회, 2010), 30-43.

운동이 한국에 들어온 지도 꽤 되었고, 여러 단체와 그룹에서 이 운동에 참여하거나 운동을 적극적으로 전개하였다.

한국적인 '선교적 교회' 운동은 '선교적 교회론'을 정립하는 일과 한국적 상황에 맞는 실천을 통해 규명될 것이다. 이 책에 실린 이대헌 원장(미래문화연구원)은 지역(포항)에서 선교적 교회를 실천하고자 애쓰고 있다. 특히 문화인류학적 선교론에 토대를 두고 지역적 특성을 반영하는 '선교적 교회'의 실천을 지향한다. 필자와 함께 2024년 여름, 강원도 동해에서 가진 '강원지역 선교적 교회 세미나'에서 전한 내용을 정리하여 실었는데, 당시 강원도 동해의 목회자들은 '선교적 교회'에 대한 사전 지식이 전혀 없던 상태에서 매우 큰 도전을 받았었다. 전통적인 교회론을 넘어 시대적이고 문화적인 적용을 통해 교회의 다양한 존재양식에 관한 이해를 넓혔기 때문이었다. 이러한 논의는 여전히 '한국적'이라는 문화적 조건을 선교적 조건으로 수용하지 못하는 전통적인 목회자들에게 '선교적 교회' 운동의 신학적 지향을 쉽게 이해하도록 도울 것이다.

또 김윤서 목사(공주수촌교회)는 본 서에 실린 자신의 글에서 한국의 '선교적 교회' 운동이 교회중심적 패러다임을 넘어 공공 영역에 참여하는 방향으로 전환되어야 하며, 이는 활동가들이나 전문가들의 몫이 아니라 개교회 목회자들이 지역사회와의 협력과 연대를 통해 실천해야 한다고 주장한다. 북미의 선교적 교회론을 답습하거나 그 담론에만 갇혀 구체적인 실천의 열매를 맺지 못하는 이유는, 이대헌 원장의 주장과 유사하게 한국적 문화, 한국적 상황에 대한 깊은 고려가 없이 선교적 교회론을 교회중심적인 선교적 도구로 인식하기 때문이다. 이런 점에서 이대헌, 김윤서의 글들은 이 책에서 다루는 한국적 '선교적 교회' 운동의 실천인 "도시의 복음, 공동체로 말하다!"라는 주제를 뒷받침하는 중요한 신학적 논의들이 되겠다.

한국 교회의 '선교적 교회' 운동이 제대로 열매를 맺지 못하는 이유는 내외부의 원인이 다 있으나, 가장 큰 것은 교회의 대 사회적 신뢰도가 끝없이 추락하고 있기 때문이다. 특히 젊은이들로부터 외면받고 있는 것이 현실이다. 새로운 교회의 비전이 제대로 뿌리내리기도 전에, 일부 대형교회와 목회자들의 부도덕한 언행이 한국 교회의 위상을 실추시키고 사회적으로 기득권 세력이며 반사회적 공동체라는 이미지를 각인시켰다. 한국의 '선교적 교회' 운동은 대체로 중·소규모 교회와 개척 교회들이 참여하는 경우가 많았는데, 한국 사회의 민주적 발전 속도에 미치지 못하는 기성 교회의 구태의연한 모습에 대한 사회적 충격이 워낙 컸기 때문에 새로운 교회를 향한 선교적 여정에 제대로 힘을 받기 어렵게 되었다. 또 팬데믹을 거치며 소규모 교회의 생존 자체가 위협받는 상황에서 동력이 많이 저하될 수밖에 없었다.

하지만 이런 가운데도 나름의 성과를 내는 사례는 있으니, 손바닥만한 구름으로도 하나님이 비를 내리실 것을 알아차렸던 엘리야 선지자의 마음으로 이런 사례들을 통해 한국적 '선교적 교회' 운동의 지형을 그려 보았다. 이 책에 모은 사례들은 교회나 목회자가 공공의 영역에 참여함으로써 공동체적 가치를 실현하는 현장을 만들어 내는 경우가 많다. 가장 흔한 사례는 카페와 같은 상업 시설에서 비그리스도인들을 접촉하며 관계를 형성하는 경우일 텐데, 앞서 말한 것처럼 한국 사회에서 개신교에 대한 신뢰가 낮은 상황에서 '선교적 교회'의 비전을 실천하기 위해 목회자나 교회가 공공 영역과 시장에 참여하는 경우가 늘어나고 있다.

공공에서 복음의 증언: 공동체

〈도시공동체연구소〉가 2024년 상반기에 개최한 제4회 '교회와 공동선 콘퍼런스(Church for the Common Good Conference)'에서는 바로 이런 사례들을 모았었다. 도시로 파송 받은 신앙공동체와 그리스도인이 하나님의 나라를 어떻게 증언할 수 있는가? 그것은 결국 '공동체'를 다시 이야기하고 회복하고 전파하는 것, '영적인' 공동체로서 교회가 이웃을 위해, 지역을 위해, 그래서 우리 사회의 '공동의 선'을 위해 헌신한다는 것과 다를 수 없다. "도시의 복음, 공동체로 말하다!"라는 주제로 세 가지 사례를 다루었다.[2]

백현동에 위치한 '하모니포씨티(Harmony for City) & 하모니성음교회(허대광 목사)'는 올해 50주년을 맞이하면서, CCG에서 그간 십여 년 동안 전개해 온 선교적 교회로서의 활동을 몇 학자들의 연구를 통해 평가하였다. '하모니포씨티교회(구 성음교회)'는 성남시 분당의 예배당을 처분하고 2019년 지금의 백현동 카페거리에 예배당 건물을 매입하였다. 여기에 '오픈 커피', '하모니포씨티 사무국', '복합문화공간 플럭스(Flux)', '성음아트센터(클래식 공연장/예배 공간)'를 설치하였고, 지역주민으로 구

---

2 여기서 말하는 '도시'는 지리적이거나 행정적인 공간을 의미하지 않는다. 문화적이며 삶의 방식을 의미한다. 즉 '도시적인 라이프 스타일'을 의미하기 때문에 시골이나 농어촌이라 하더라도 해당된다. 도시에 거주하는 인구가 늘어가고 있고, 시골에 사는 이들도 이미 대부분 도시적 삶을 살아간다. 동시에 '도시적 삶'은 분열되고 경쟁하며 고립된 삶을 상징한다. 나아가 디지털화는 이러한 고립적 삶을 더욱 심화시키기도 한다. 그래서 "도시의 복음, 공동체로 말하다!"는 분열된 삶을 공동체적인 삶으로 전환하는 데 교회가 어떻게 참여할 것인가?'라는 말로 풀어 설명할 수 있겠다. 우리는 이것이 오늘날 한국적 '선교적 교회' 운동의 실천의 하나로 보았다.

성된 '틴하모니 오케스트라' 및 '부메랑 FC 축구단'을 결성하여 운영을 지원하고, 해외의 난민 학교와 지역의 노숙자들을 돕는 사역을 전개하고 있다. 허대광 담임 목사는 백현동 카페거리의 상인회와 성남시 의회 위원회를 섬기고 있다. 허대광 목사는 '한국선교적교회네트워크(Missional Church Network in Korea : MCNK)'의 대표와 운영위원으로 섬기면서 '선교적 교회' 운동의 한국적 실천에 헌신해 왔다. 백현동 시대를 열면서, '하모니성음교회'와 허대광 목사는 공공 영역에 참여함으로써 문화적 표현으로 복음을 증언하는 좋은 사례가 되었다. 분열되고 경쟁하는 도시에서 공동체적 가치의 근원인 '영적인 신앙공동체'의 희생과 헌신으로 지역공동체를 형성하는 일이다.

'도시의 복음, 공동체로 말하다!' 콘퍼런스에서 다룬 두 번째 사례는 서대문 남가좌동에 위치한 '하나의 교회/공동체(김형원 목사)'였다. 필자와 스텝들은 콘퍼런스 전에 '주택협동조합 하나의'의 강선규 이사장과 만났고, 수요일 공동 식사에도 참여했었다. 담임 목사의 아내이기도 한 강선규 이사장은 〈마포구사회적경제마을자치센터〉의 센터장을 역임하기도 했다. '하나의 교회'는 교회 이전을 해야 할 필요가 생긴 2010년 당시 서울시 안에 함께 사는 '거주 공동체'를 세우기로 결정하였고, 많은 우여곡절 끝에 지금은 세 동의 빌라에서 '예배 공동체'와 '거주 공동체'를 이루고 있다. 여기서 그치지 않고, 공동 육아를 위해 어린이집을 운영하고 마을카페, 마을극장 등을 지역사회에 개방하여 도시공동체의 가능성을 실험하고 있다. 서울시 안에서 거주할 공간을 점유한다는 것은 매우 어려운 일이다. '부동산 공화국'이라는 말이 나올 정도로 거주의 불안감은 상당한데, 심지어 주로 젊은 세대였던 이들은 함께 살아가는 '영적인' 공동체가 되기로 결정하였고 공동의 공간에서 비그리스도인들과 지역사회를 이루며 살아가는 가운데 하나님 나라의 복음을 증언하고 있다.

서울과 같이 복잡하고 거대한 도시에서 '거주 공동체'를 이룬다는 것은 쉽지 않다. CCG 2회차 콘퍼런스에 참여했던 〈사회적혁신기업 다함〉의 양동수 대표와 동역자들도 '도시에서 공동체적 삶이 가능할까?'라는 질문에서 시작하여, 분열과 고립의 상징처럼 보이는 아파트에서 성경적 가치를 적용한 마을공동체를 만들어보기로 하였다. 조합형 아파트 '위스테이(We Stay)'는 모든 입주자들이 조합원이며, 사전에 충분한 교육을 받아야 했고, 8년 동안 매매를 하지 않아야 한다는 조건으로 현재 남양주 별내와 고양시 지축에 아파트형 마을만들기의 공공사업의 일환으로 추진되었다.

강선규 이사장과 토론 시간에 참여했던 〈쉐어하우스 봄날〉의 대표 최규현 목사도 공공의 영역에서 주택과 실내장식 사업을 통해 청년들이 상대적으로 저렴한 비용으로 잘 갖춰진 공간에서 쾌적하게 생활하도록 공동거주를 지원한다. 그리스도인들의 공동체는 아니지만, 도시에서 청년들이 겪는 거주 불안의 어려움을 공동체적 가치를 경험하면서 극복하도록 돕고자 한다. 또 서울시 명륜동 성대 앞에 위치한 〈명륜중앙교회(손의석 목사)〉는 지역 유학생이나 해외 유학생을 위한 학사를 운영한다. 서울에 연고가 없이 외롭게 생활하는 대학생들을 위해 교회가 주택을 마련하여 공동의 거주 공간을 제공하는 것인데, 현재 이들 중 많은 이들이 교회의 청년부에서 신앙생활을 하고 있다. 공동으로 거주하는 이들은 교회가 지역과 세상을 섬기는 헌신과 희생을 배우며, '영적인' 공동체로서의 훈련에 참여하는 것이다.

세 번째 사례는 대구 성서지역의 〈사회적협동조합 와룡〉의 이사이며

〈생태교육공동체 에듀컬 코이노니아〉 대표 김종수 목사가 발표하였다. 김종수 목사는 부산에서 시작된 한국 최초의 조직적 '선교적 교회' 운동(미션얼닷컴)을 전개한 〈일상생활사역연구소〉(지성근 목사)를 통해 새로운 신앙공동체의 비전을 배웠다. 이후 교육공동체 운동이 전개되고 있었던 대구의 성서지역으로 이주하여 운동에 참여하였다. 지역에 전혀 연고가 없던 그는 도시농부로서 농사를 짓고, 교육운동에 열정적으로 참여하면서 마을 주민들과 공동체적 관계를 맺게 되었다. 이후 이 지역의 '마을 만들기'의 대표적인 사업들을 전개하면서 '와룡배움터'의 중심적인 인물이 되었고, 역시 '공동거주 공동체 마을뜰' 빌라를 지어 실천하면서 더욱 강력한 활동가로 성장하였다. 성서의 와룡 지역의 마을넷에는 '사회적협동조합 와룡'이 대표적이며, '마을메이커스페이스 놀삶', '마을문화센터 솜씨협동조합', '우렁이 밥상협동조합', '동네책방OO협동조합', '성서공동체 FM(방송국)' 등이 와룡산 아래 지역에 포진하여 있다.

특히 '협력적 주거공동체 마을뜰'은 입주민들이 직접 설계에 참여했다. '공유'와 '이웃'이라는 중심 가치는 성경에서 온 것이다. 공동주택에서는 옥상에서 텃밭을 가꾸고 함께 여행하며 공부도 같이 한다. 그리스도인의 공동체가 아니다. 그러나 김종수 목사는 이곳에서 하나님의 나라의 복음을 실천하고 표현하고 있다. 진정으로 '영적인' 교회, '영적인' 그리스도인이 이웃과 함께 살아가고 섬길 때 하나님의 나라 복음은 공동체로 표현되며 증언한다. 도시로 파송 받은 그리스도인들의 삶은 공동체를 파괴하고 서로 경쟁하게 만드는 악한 세력과 문화에 대적해야 한다. 그래서 도시로 파송 받은 우리가 복음을 가장 효과적으로 표현할 방법은 바로 공동체를 형성하고, 공동체적 삶이 가능한 공적인 조건들을 만들어 가는 것이다.

본 서에는 디아코니아 사역을 선교적 교회 운동에 접목하여 실천하고자 하는 이영우 목사(하늘샘교회)의 글도 실려 있다. MCNK의 구성원이기도 한 이영우 목사는 〈하늘샘작은도서관〉을 운영하며 서초구와 신뢰를 쌓으며 지역사회의 '책읽기 운동'과 '방과 후 돌봄교실'에 참여하는 협력을 이루기도 했다. 독일에서 목회한 경험을 살려, 디아코니아 사역을 교회의 방향으로 정한 이영우 목사는 선교적 교회의 구체적인 실천을 통해 공공 영역과 협력하는 일에 매우 적극적으로 나서고 있다. 이제 〈사회적협동조합 하늘샘〉을 설립하여 이러한 사역을 공적으로 실천하며 하나님 나라의 복음을 증언하고자 선교적 공동체를 향해 나아가고 있다.

이처럼 '선교적 교회' 운동은 추상적이지 않아야 한다. 초기에는 '선교적 교회론'에 대한 논의가 풍성했다. 북미에서 제기된 신학적 이론과 영국 성공회가 시작한 '선교형 교회(Mission shaped Church/Fresh Expressions of Church)'에 대해 정의하고 진의를 파악하는 일에 힘을 모았었다. 필자는 7기에 걸쳐 목회자 그룹과 함께 공부하면서 '선교적 교회' 운동에 동참할 동역자들을 모았다. 그렇게 모인 이들이 MCNK를 결성하게 된 것이었다. 초기에는 함께 공부하고 세미나를 열면서 새로운 교회의 비전을 전파하는 것만으로도 의미가 있었다.

지금은 구체적인 현장과 실천이 필요한 시기다. 한국 교회의 교인 수는 급속히 하락하고 있다. 신뢰도가 떨어졌으니, 교인 전도가 제대로 될 수가 없다. 대형교회나 중산층이 주로 다니는 교회는 여전히 건재한 것처럼 보이지만, 한국 교회 전체적으로 보면 향후 미래가 매우 암울하다. 이런 불균형은 한국 사회 전반에서 나타난다. 사람들의 경제적 양극화는 날로 심각해지고 있다. 특히 도시의 경제적 불평등의 심화에 따라 거주의 불평등, 소득의 불평등, 고용의 불평등, 교육 기회의 불평등 등이 사람들의 삶을 점점 더 고립시키고 있다. 이른바 '각자도생(各自圖生)'의 삶이 도시의 공동체를 분열시키고 있다.

모든 나라가 이런 불평등하고 분열적인 도시의 문제를 해결하기 위해 공동체적 삶을 복원하려는 정책을 입안하고 개선하려 노력하고 있다. '마을 만들기'는 한국식 실천이었다. 그런데 한국의 정권이 교체되고 서울시도 시장의 정당이 바뀌면서 '마을 만들기'로 불리던 사회적 프로그램에 대한 지원이 현저히 줄어들고 있다. 시장 논리에 적합지 않다는 비판적 평가와 함께 전시적이며 임시적인 이벤트성 사업이 많아 실제로 공동체적 삶의 문화가 분열된 경쟁적 도시의 삶을 개선하고 있는지 의문이라는 문제 제기가 있었다. 이런 비판은 아주 틀린 지적은 아니다. 지역주민이 주체적이고 자율적인 참여를 통해 전개된 '마을 만들기'보다는 전문가나 활동가들이 임의로 구성한 전시성 사업이 관의 재정적 지원에 따라 전개된 사례가 적지 않았다. 도시에서 살아가는 이들의 실제적인 삶의 정황과 필요를 구체적으로 수용하고 개선하려면 지역민, 시민이 참여하는 과정에 더욱 세밀한 정책적 지원이 필요하다. 여기에 지역의 비영리적 공동체인 교회들이 이바지할 수 있는 선교적인 현장이 있다. 한국의 '선교적 교회' 운동은 이제 이렇게 도시의 공공 영역에서 구체적인 삶의 현장에 참여하고 불편을 개선하며 사람들의 관계를 이어가는 실천을 통해 하나님 나라의 복음을 표현하는 미시적 차원으로 발전해야 한다. 이제 담론만으로는 이 운동의 동력을 얻기가 어려울 것이다.

시장으로 들어가기: 자비량 선교

한국의 교단들은 요 몇 년 사이 대부분 목회자가 다른 직업을 가질 수 있도록 허락하였다. 어떤 교단은 총회에서 선언적으로 허용하였고, 어떤 교단은 구체적인 안을 정책적으로 수립하려 한다. 필자가 속한 〈대한예수교장로회(통합)〉 교단은 2022년 총회에서 공식적으로 '자비량 목회'[3]를 하나의 새로운 목회 유형으로 인정하였고, 우선적으로 자립 대상 교회의 목회자에 한하여 노회가 지도하는 가운데 수용하도록 제안하였다. 필자는 해당 헌의안이 통과되도록 연구하는 위원회에서 3여 년 동안 활동하며, '자비량 목회'가 목회자의 생계를 채우려는 것이 일차적인 목적이라기보다는 한국 사회의 복합적인 선교적 요청에 응답하기 위해 단지 교회의 목양에 전념하는 목회자를 넘어 공공의 영역, 특히 경제 영역에 적극적으로 참여하려는 것임을 강조하였다. 도시의 불평등, 부정의한 문화를 극복하여 하나님 나라의 공의를 실천하려는 목회 활동에 목회적 차원에서 참여하는 일이 늘어나고 있다. 미국의 경우에도 Bivocational(이중직) 현상은 보편화되고 있다. 〈사가모어 연구원(SAGAMORE Institute)〉의 수석 연구원인 에이미 셔먼(Amy L. Sherman)이 2023년 「*Common Good*」 잡지에 기고한 "이중직 목회자들은 두 가지 직업을 가진 것이 아닙니다"라는 글은 많은 부분을 시사한다. 특히 교회

3　통합교단은 통상 '이중직 목회'로 불리는 목회 형태의 부정적 어감과 신학적 오해를 불식시키고자 스스로 경제적 활동에 참여한다는 의미로 '자비량 목회'로 구분하여 부르기로 하였다. 이는 적극적으로 교회 밖의 경제 영역과 공공 영역에 참여하는 목회자들의 비전을 지지하고 그에 상응하는 새로운 정책을 입안하기 위함이었다. 예장합동 측은 같은 유형의 목회를 '겸직 목회'라 부르는데 이 또한 '이중직 목회'에 비해 훨씬 적극적이고 목회적 차원에서 유효한 표현이라 하겠다.

개척자들이 과거 '텐트 메이커(Tent Maker)' 모델을 넘어 후기기독교사회로서의 미국에서 교회 밖의 시장에 참여하는 것이 더 적절한 전략이라고 본다는 것이다.[4]

　본 서에는 장례지도사 자격증을 가지고 활동하며 북카페 〈오롯이서재〉를 운영하는 이춘수 목사(탐험하는 교회)의 글이 실려 있다. 이춘수 목사는 '일하는 목회자'가 아니라 '일이 목회인 목회자'를 지향한다. 전통적으로 목회자는 교회에서 목양과 설교에 전념하는 소명이 있다고 말하는데, 교회 밖에서 시장에 참여하는 목회자들은 자신이 참여하는 직업 자체가 목회라고 인식하는 경우가 늘어나고 있다. 서울 개포동에서 PT숍 〈호프(HOPE)/처치〉를 섬기는 윤광원 목사 역시 동일한 비전을 가진다. 부교역자로 섬기다가 자신의 소명을 건강한 신체와 건강한 영성을 세우는 일에서 발견하고, 개척예배를 드리며 트레이닝 영업을 시작하였다. 수익금을 도시의 가난한 이들과 선교지에 전달하여 선교적 공동체를 세워 가는 중이다. 앞서 언급한 〈쉐어하우스 봄날〉의 대표 최규현 목사 역시 같은 비전으로 시장이라는 공공 영역에서 경제 활동에 참여하고 있는 셈이다. 이들은 모두 2023년 1월에 결성된 〈교회밖새교회(Churches out of Church ; COC)〉의 구성원이며, 이들과 같은 자비량 목회자들이 공동의 비전을 나누고 있으며, 향후 자비량 사역에 대한 비전이 있는 신학생들과도 교류하고 있다.

　이 외에도 카페에서 커피를 내리며 사람들을 만나는 바리스타 목회

4　Amy L. Serman, "Bivocational Pastors Don't Have Two Jobs," *Common Good* (12. 29. 2003), issue 14.

자들은 수도 없이 많아졌다. 공방을 하고 심지어 야채 가게를 하며 생태적이고 정의로운 시장 활동에 참여하는 것으로 목회적 소명을 삼는 이들이 늘어나고 있는 것이다. 신학적 관점에서 목회자가 공공 영역이나 시장에 참여하는 것이 잘못된 일이라 할 수 없다. 다만 아직 전통적인 목회 형태에 익숙한 교인들이나 목회자들에게는 자비량 목회의 정당성을 확보하기에는 아직 부족해 보일 수 있다. 또 목회자로서 어느 직종에 종사하는 것이 바람직한 것인지에 대한 논의도 필요해 보인다. 여전히 생계형 자비량 목회자가 많다. 대리 운전이나 택배업에 종사하는 이들은 실제로 목회자로서의 정체성을 명확히 하기가 어렵다는 의견도 많다. 필자가 만나는 이들 중에는 경제적 활동에 몰입하다가 그만 목회적 비전이 약해져서 고민하는 이들도 있었다. 그래서 필자가 속한 통합교단은 자비량 사역자들을 위한 경건훈련과 영성을 어떻게 관리하고 지원할 것인지에 대한 고민도 많았다.

그래서 자비량 목회자들은 자비량 목회가 갖는 신학적이고 공적인 의미를 명확히 인식해야 한다. 다만 직업윤리와 같은 개인 영성 차원의 훈련을 넘어, 한국 사회의 불평등, 부정의한 구조가 만연하고 공동체적 삶이 깨져버린 시장이라는 영역을 하나님 나라의 삶과 교제가 가능한 공간으로 변화시킬 수 있을지 논의하는 공론장이 필요하다. 한때 BAM(Business As Mission)이 선교지에서 유효할 전략이라고 회자되었는데, '선교적 교회' 운동의 관점에서 이 전략은 자비량 목회로 수용할 필요가 있다. 다만 기업이나 사업을 도구적으로 활용만 하는 것을 넘어서 하나님 나라의 신학의 관점에서 시장 자체를 어떻게 변화시킬 것인지에 대한 정교한 시각이 보완되어야 한다.

나가는 말

이 글에서는 최근 한국의 '선교적 교회' 운동을 두 가지로 구분해 보았다. 지역사회나 공공 영역에 참여하는 유형과 자비량으로 시장에 참여하는 유형이다. 중첩되는 경우가 많아서 명확하게 구분되는 것은 아니지만, 도시의 공동거주와 공동체를 지향하는 유형과 시장이라는 상업적 공간에서 공동체를 지향하는 공동의 비전이 있다. 경쟁하고 고립된 삶이 강요되는 도시에서 우리는 어떻게 복음을 표현하고 하나님의 나라를 증언할 것인가? 이 질문에 답하기 위해 우리는 '공동체'에 집중하였다.

'사회적 자본(Social Capital)'이 공동체 형성에 결정적이라고 주장하는 미국의 종교사회학자 로버트 푸트넘(Robert Putnum)은 『나홀로 볼링』(Bowlling Alone, 2000)에서 미국 사회의 공동체가 급격하게 와해되고 있다고 진단하고, 그래서 미국의 강력한 민주주의가 시민들의 참여가 줄어들고 있다고 평가한다. 그는 교회와 같은 종교단체에 가장 강력한 공동체적 자원이 남아 있음을 통계적으로 증명하면서 교회가 지역사회와 더 연대하여 공동체적 경험을 제공하는 사회적 자원의 역할을 해야 한다고 주장한다.

교회가 '사회적 자본'이라는 통찰, 그리고 우리 사회의 공동체적 자원으로 역할을 해야 한다는 요청은 선교적으로도 매우 중요하다. 양극화가 극심해지는 오늘날 현대 사회의 민주주의가 약화되고 불평등이 심화되는 등 사회문제는 동서양에서 동일하게 나타나는데, 특히 한국적 상황에서는 민주화를 두고 벌인 갈등의 골이 있어서 더 치명적으로 공동체를 약화시키고 분열을 조장한다. 더구나 한국 교회의 신뢰가 끝없이 추락하는 상황에서 과연 이런 공적인 역할을 감당할 수 있을까? 하는 고민도 더 깊어지고 있다.

그래서 이번에 이 책에 담긴 내용들이 더욱 소중하다. 한 알의 밀알이 되는 심정으로 각자의 자리에서 수고하며 씨를 뿌리는 이들의 이야기이다. 자랑하거나 드러내지 않는 공동체들의 이야기라 더욱 도전을 준다. 요란한 콘퍼런스나 이벤트가 없었더라도 이러한 선교적 이야기가 유통되고 회자되면 선교적 삶을 준비하는 이들에게 큰 격려가 될 것이다. 한국의 '선교적 교회'는 '공동체를' 회복하라는 소명 앞에 서 있다. 하나님의 나라는 우리 안에 있다(눅 17:21). 우리는 도시에서 관계를 맺으며 살아가고, 시골에 산다고 하더라도 모두 도시적 삶을 살면서 사람들을 만나고 헤어진다. 그러니 우리는 우리를 보내신 곳에서, 하나님의 나라를 증언한다. 파괴되고 고립된 도시적 삶을 함께 살아가는 삶이 되도록 변화시키며 복음을 증언한다.

도시의 복음, 공동체로 말하다!

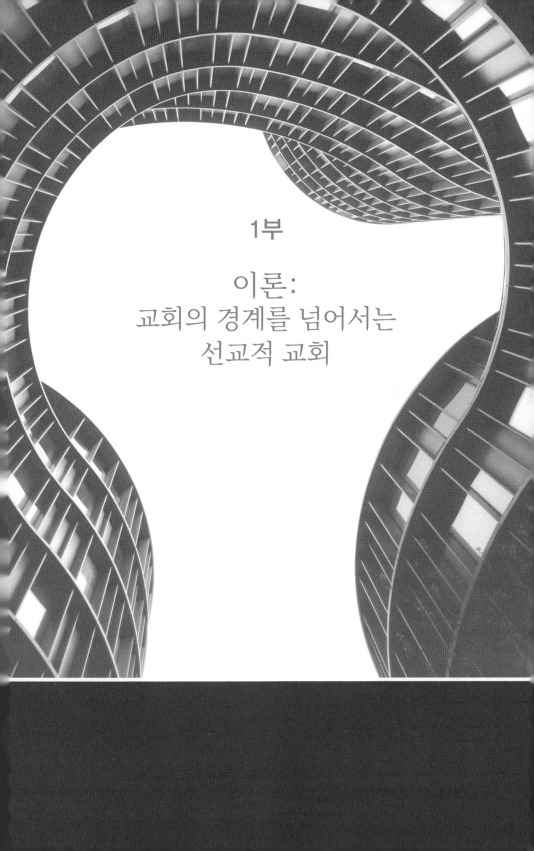

1부

이론:
교회의 경계를 넘어서는
선교적 교회

문화에 뿌리를 내리는
선교적 교회

이대헌 원장
미래문화연구원

들어가는 말

선교 관련 사역에 종사하는 사람이라면 누구나 상식처럼 알고 있는 말이 있다. "복음이 특정 문화에 들어갈 때 그 문화의 옷을 입는다"라는 말이 그것이다. 이 말은 두 가지 의미를 내포한다. 하나는 특정 문화권 안에서 발생하는 복음에 대한 이해는 그 문화가 소유한 문화의 형식과 의미[1]를 통해 표현될 수밖에 없다는 사실이고, 다른 하나는 앞의 언급을 뒤집어 표현한 것으로, 특정 문화의 형식과 의미를 통하지 않고는 복음

---

1   문화의 형식(form)과 의미(meaning)는 문화인류학에서 채용하는 일반적인 개념이다. 문화 안에 존재하는 모든 의미는 특정 문화 형식을 통해 전달될 수밖에 없다. 기독교 신앙이 내포하는 다양한 의미를 특정 문화의 내부인들에게 전달하기 위해서는 해당 내부인들이 이해할 수 있는 문화 형식에 담아 전달할 수밖에 없다. 이 내용에 관해서는 선교 문화인류학 내부에서 다양한 논의가 있지만, 이 글에서는 복음전달 과정(선교적 교회로 성숙해 가는 과정)에서 적극적으로 문화를 대면하는 것이 갖는 중요성을 강조하는 것으로 논의의 범위를 제한하도록 하겠다.

전달 자체가 불가능할 수 있다는 것이다.[2]

　기독교 신앙을 종교적 관점에서 이해하는 사람들은 이런 언급 자체를 부정적으로 받아들이며 불편해하기도 한다. "기독교 신앙은 절대 진리로서 모든 문화적 한계를 초월하는 것인데, 어떻게 문화적 틀에 제약받을 수 있는가?"라는 것이 반대자들이 내세우는 신앙 논리의 골자다. 이들이 내세우는 반대 논리가 결코 틀린 것은 아니다. 오히려 전적으로 옳다. 기독교 신앙은 진리이며 초월적이라는 데 필자 또한 전적으로 동의하기 때문이다.[3] 그러나 예수 그리스도의 성육신과 골고다 사건을 그 진리 됨의 핵심으로 신앙하는 사람이라면, 특정 문화 안으로 복음이 성

2　특정 문화의 옷을 입지 않은 기독교는 해당 문화 내부인들의 눈에 외래종교로 비칠 수밖에 없다. 이런 경우, 기독교인이 된다는 것을 자신이 속해 있던 문화적 맥락에서 벗어나 새로운 외래적 교회 문화의 경계 안으로 편입되는 것으로 이해하게 된다. 해당 문화의 문화적 맥락과 상관없는 방식으로 전달되는 기독교 신앙은, 복음 전달자의 의도와 상관없이 기독교 신앙을 외래종교로 자리매김하게 한다.

3　이 글의 맥락에서는 종교적 관점을 이원론적 관점과 병치해 이해해도 무방하다. 이원론적 관점은 성과 속을 범주(영역)로 구분하고, 속의 범주에서 성의 범주로 이동하는 것을 거룩(聖)이라 주장한다. 이 주장이 전적으로 틀린 것은 아니다. 우리 안에 존재하는 하나님께 속하지 않은 것으로부터 하나님께 속한 것으로 돌이키는 것을 회심이라 할 때(롬 12:2), 속에 속한 것으로부터 성에 속한 것으로 전환하는 것을 거룩이라 주장하는 것은 그 자체로 충분히 타당성을 가질 수 있기 때문이다.
　　그러나 전환을 어떤 특정 영역으로부터 다른 영역으로의 이동으로 규정할 때, 성과 속에 대한 구별은 어떤 직업을 갖고 있느냐의 여부, 종교적 영역에 있느냐의 여부 등에 근거해서 이해하기 쉽다. 성경이 말하는 성과 속의 구분은 영역이 아닌 지향성에 관한 것이다. 어떤 직업을 갖고 있느냐, 혹은 종교 영역에 있느냐의 여부가 아니라, 어디에 있든지 무엇을 하든지 하나님 나라의 복음을 지향하느냐 아니냐로 성과 속을 구별한다. 기독교 신앙을 어떤 초월적 영역, 기독교라는 종교 영역에 관한 것으로 이해할 때, 필연적으로 비종교 영역에 해당하는 일상문화의 영역은 기독교 신앙의 관심 대상에서 벗어나게 될 것이다. 이런 경우 초월적 기독교 진리를 소유한 교회가 세속 영역으로 인지되는 문화에 관심을 가질 까닭이 사라지는 것은 어쩌면 당연지사일 수밖에 없다.

육화(상황화)하는 것이 기독교 신앙 전달에 필수 불가결한 조건임을 부정할 수 없을 것이다. 그리고 만일 그 사실을 부정할 수 없다면, 기독교 신앙의 담지자로서 지역 교회 공동체가 존재하는 문화적 자리에서 자신들이 신앙하는 바를 비기독교인들이 이해할 수 있는 방식으로 증명하는 선교적 책무가 있는 것 또한 부정할 수 없을 것이다.

필자는 짧은 글을 통해, 지난 이십여 년 동안 한국 교회 내부에서 회자하고 있는 선교적 교회의 현실화를 위해 문화에 뿌리내려야 할 교회의 선교적 책무를 주장하고자 한다. 이를 위해, 먼저 위에서 언급한 문제들에 대한 선교학적 답변을 간략하게 제시하도록 하겠다. 이어서, 현재 한국 사회에서 진행되고 있는 문화 변화 양상을 간략하게 소개하도록 하겠다. 문화 변화 일반에 대한 이해는 한국 교회가 파송 받은 맥락의 문화적 변화에 얼마나 둔감한지를 인식하는 데 도움이 될 것이다. 그리고 이 인식은 문화에 대한 민감한 반응이 선교적 교회 성립에 얼마나 중요한 요소로 작용하는지에 대한 각성으로 연결될 것이다. 마지막으로, 논의한 이해에 기초해 문화에 뿌리내리는 선교적 교회가 현재의 문화변동에 어떻게 반응해야 할지에 대한 필자의 의견을 간결하게 제시하도록 하겠다.

문화의 두 가지 층위 이해와 문화의 형식과 의미 이해

문화를 이해하고자 할 때 두 가지 방식으로 접근할 필요가 있다. 하나는 문화의 층위를 이해하는 접근 방식이고, 다른 하나는 그 문화의 의미(meaning)와 그 의미가 표현되는 형식(form)을 구별해서 전달하는 접근 방식이다. 문화의 층위 이해는 문화의 구성을 이해하는 데 도움을 제공하고, 문화의 형식과 의미를 이해하는 것은, 문화가 어떻게 전달 혹은 전수되는지를[4] 이해하는 데 도움을 제공한다.

문화의 두 가지 층위[5]

문화는 두 가지 층위로 구성되어 있다. 하나는 문화의 심층구조(deep structure)이고, 다른 하나는 문화의 표층구조(surface structure)이다. 문화의 심층구조는 외향적으로 확인할 수 없는 문화의 내부 층위를 의미한다. 반면, 문화의 표층구조는 심층구조가 외부적으로 표현되는 외부 층위를 의미한다.

특정 문화를 방문한 외부인, 예컨대 여행객은 해당 문화의 표층구조를 보고 해당 문화를 이해하는 경향을 보인다. 그러나 문화의 내부에서 태어나서 성장한 내부인은 해당 문화의 심층구조를 통해 자신의 문화를 자연스럽게 이해하는 방식을 습득한다. 이런 방식을 통해, 내부인은 표층구조가 작동하는 원리가 심층구조에서 유래했음을 직관적으로 이해할 수 있다. 오랜 기간 특정 문화의 내부에 머무르며 해당 문화를 내부인의 관점에서 이해하려 노력한 외부인이라면, 제한적인 차원에서지만 내부인의 관점을 체득할 수 있기도 하다.[6]

---

4   나중에 가능한 범위 내에서 상세히 살펴보겠지만, 문화의 형식과 의미를 구별하고 문화의 전달과 전수 방식을 이해하게 되면, 보내심 받은 자리에서 교회가 선교적으로 기능하는 방식을 이해하는 데 도움받을 수 있다.

5   문화의 두 가지 층위와 네 가지 차원에 관해서는, 그 아래에 제공하는 설명과 함께 그림 1을 참조하라.

6   문화인류학에서는 내부자 관점(emic perspective)과 외부자 관점(etic perspective)을 구분한다. 내부자 관점은 특정 문화의 내부 논리를 통해 문화를 이해하는 관점을 의미하고, 외부자 관점은 문화의 외부에서 온 외부인이 관찰자 시점에서 문화를 이해하

문화의 심층구조는 두 개의 차원으로 구성되어 있는데, 하나는 세계관 차원(worldview level)이고[7] 다른 하나는 가치관 차원(value system level)이다. 앞서 언급했듯이, 세계관과 가치관은 가시적으로 관찰할 수 없는 문화의 심층구조에 해당한다. 세계관은 시각적으로 관찰 자체가 불가능할 뿐만 아니라 이를 성찰적으로 연구하는 학자가 아니라면 체계적인 설명 자체가 불가능에 가까운 추상적 차원에 해당한다. 반면 가치관은 세계관과 마찬가지로 시각적으로 관찰 자체가 불가능한 차원이지만, 구체적 척도를 갖는 가치의 총합이라는 점에서 문화 내부자라면 자신의 행위나 사고 이면의 가치에 대해 질문을 받을 때 합리적인 설명의 제시가 가능한 차원이다. 예를 들면, 한국인들이 사용하는 복잡한 층위의 언어 구조는 한국 문화 내부인들이 공유하는 가치관에 따라 그 용처가 정해지기 때문에, 한국인이라면 그 활용례를 본능적으로 이해할 수 있을 뿐만 아니라 누군가에게 질문을 받았을 때 합당한 설명의 제공도 가능하다. 한 가지 놓치지 말아야 할 점은, 구체적인 가치관의 형성은 추상

는 관점을 의미한다. 선교사는 외부자에 해당하기 때문에, 제아무리 오랫동안 특정 문화의 내부에 머무르며 진정성을 가지고 내부인을 위한 사역을 수행해 왔다 하더라도 자신의 기본 정체성이 외부자임을 잊지 말아야 한다. 이 이해가 전제될 때라야, 상황화(contextualization)나 자신학화(self-theologizing) 과정의 주도권을 문화의 내부인들(지역교회)에게 양도할 수 있다.

7 문화인류학에서 문화의 가장 깊은 차원을 이해하기 위해 1970년대에 등장한 두 가지 이론이 있다. 하나는 세계관 이론이고, 다른 하나는 스키마(schema) 이론이다. 문화인류학 내부에서는 세계관 이론이 대단히 추상적이기 때문에 과학적 방식으로 자료를 추출하는 데 한계가 있다고 여겨 점차 폐기되었고, 현재는 스키마 이론이 주로 사용되고 있다. 그러나 현재는 양적조사방법이 아닌 질적조사방법을 통해 과학적 자료를 추출하는 연구방식이 학계에서 공인되고 있을 뿐만 아니라, 선교 현장에서는 여전히 세계관 이론이 적실성을 가지기 때문에, 선교학에서는 여전히 세계관 이론을 활용하고 있다.

적이지만 문화 내부인들이 공유하는 세계관의 작용으로 형성되었다는 점이다. 따라서 문화 심층구조의 가장 안쪽에는 세계관이 자리 잡고 있고, 그 세계관의 작용으로 형성된 가치관이 세계관을 감싸고 있는 것이 문화의 심층구조라 이해하면 될 것이다.

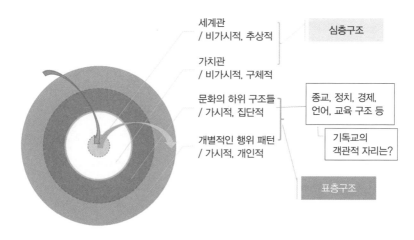

세계관
/ 비가시적, 추상적 — 심층구조

가치관
/ 비가시적, 구체적

문화의 하위 구조들
/ 가시적, 집단적 — 종교, 정치, 경제, 언어, 교육 구조 등

개별적인 행위 패턴
/ 가시적, 개인적 — 기독교의 객관적 자리는?

표층구조

그림 1. 문화의 구조

　문화의 표층구조는 문화의 심층구조가 외면적으로 표현된 외부 층위다. 우리가 시각적으로 관찰할 수 있는 사회 구조와 작동 방식 등 표층구조는 모두 세계관의 영향으로 형성된 가치관에 의해 결정된다. 문화의 표층구조 또한 심층구조와 마찬가지로 두 개의 차원으로 구성되어 있다. 표층구조의 안쪽에는 내부인들이 공유하는 가치관이 반영된 각종 문화의 하부구조, 예컨대 정치, 경제, 종교, 언어, 가족, 교육 구조 등이 존재한다. 모든 문화의 하부구조가 해당 문화의 가치관을 공유하고 있음을 이해하는 것은, 문화 이해에 있어 매우 중요한 부분이다.

　논의를 더 진행하기에 앞서, 특정 문화의 다양한 하부구조가 동일 가치관을 반영한다는 것이 실질적으로 의미하는 것이 무엇인지 이해할 필요가 있다. 이해를 돕기 위해 문화의 하부구조 중 정치와 종교 두 가지 하부문화구조를 예로 들어보자. 정치와 종교는 서로 직접적인 상관이 없는 하부 영역에 관여하고 있다. 그러나 동일 문화의 하부구조인 정치와 종교 구조는 모두 같은 가치관에 따라 구성되므로, 내부 질서나 운영 방식 등은 해당 문화의 내부인들이 공유하는 가치관을 반영한다. 한국 문화의 세계관을 형성하는 데 결정적 역할을 한 요인 중 하나인 성리학의 영향 때문에, 기성의 한국 문화는 수직적 질서를 주요 축으로 하는 집단주의적 가치관을 공유한다. 따라서, 서로 다른 영역에 관여하는 구조임에도 불구하고, 동일 가치관을 반영하는 정치 구조와 종교 구조는 공이 수직적 질서를 축으로 하는 집단주의적 가치를 반영하고 있다. 서로 다른 영역에 관여하고 있지만, 구조와 운영 면에서 동일 가치관을 반영하는 까닭이 여기에 있다.[8]

이제 마지막으로 표층구조의 가장 외피에 해당하는 개별 구성원들의 행위 패턴에 대해 살펴보자. 문화의 모든 하부구조가 해당 문화의 가치관을 공유하듯, 동일 문화의 모든 내부인도 같은 가치관을 공유한다. 성인의 경우라면, 모든 내부인은 여러 가지 하부문화구조에 구성원으로 참여하고 있을 수밖에 없는데,[9] 각 하부구조 안에서의 역할이 다름에도 불구하고 무리 없이 자신의 역할을 감당할 수 있는 까닭은, 기성의 한국

---

8 정치와 종교 구조뿐만 아니라, 모든 하부문화 구조가 동일한 가치관을 공유하고 있다.

9 예를 들어 필자의 경우, 가족 구조 안에서는 아들과 아버지와 남편으로, 필자가 섬기는 미래문화연구원이라는 사회 구조 안에서는 원장으로, 교회라는 종교 구조 안에서는 협동목사로, 학교라는 교육 구조 안에서는 외래교수로 역할을 하고 있다. 이렇듯, 개인은 다양한 문화의 하부구조의 구성원으로 참여할 수밖에 없다.

문화가 부여하는 가치관에 따라 자신의 역할을 스스로 규정할 수 있기 때문이다.

문화의 형식과 의미[10]

모든 문화는 형식과 의미를 소유하고 있다. 문화의 형식과 의미를 구별하는 것은, 특별히 복음을 전달해야 하는 복음 전달자에게는 대단히 중요하다. 복음 전달자는 복음이 복음 수용자들에게 부여하는 의미를 전달해야 한다. 하지만 복음이 담고 있는 의미를 전달하기 위해서는 그 의미를 특정한 문화 형식에 담아 전달할 수밖에 없다. 문화의 의미가 비가시적이라는 것은 특별히 설명하지 않아도 이해할 수 있다. 그러나 문화 형식에 관해서 흔히 하는 오해가 있는데, 그것은 문화 형식이 외형적으로 드러날 수 있고 또 단일 혹은 복합체로 존재함을 물리적으로 확인할 수 있다고 생각하는 것이다.

물론 문화의 형식은 단일 혹은 복합체면서 동시에 물리적으로 존재할 수 있는 것일 수도 있다. 그러나 문화의 형식은 가시적 형식뿐 아니라 비가시적 형식으로도 존재할 수 있고, 단일 혹은 복합 형식으로도 존재할 수 있다. 그리고 문화 형식은 경향과 기능을 내포한다. 예를 들어, 예배를 생각해 보자. 예배를 구성하는 형식에는 예배 순서와 그와 관련된 다양한 외적 형식들이 복합적으로 구성되어 있다. 그뿐 아니라, 그 형식들에 임하는 성도들의 마음 자세라는 비가시적 형식들도 예배의 구

---

10 문화의 형식과 의미에 대한 설명도 그림 2를 참조하며 읽으면 이해하는 데 도움이 될 것이다.

성 요소로 복합되어 있다.[11]

문화의 형식과 의미와 관련해서, 복음 전달자들(혹은 복음 전달자로서 지역교회들)이 저지르는 흔한 오류가 있다. 복음 전달자들은 자신이 전달하고자 하는 복음이 진리이므로 보편성을 띨 수밖에 없고, 따라서 자신이 알고 있는 복음의 의미를 자신이 가장 선호하는 형식에 담아 전달하는 것으로 복음 전달자로서 자신의 역할을 다한 것이라 간주하는 경향이 있다. 이 논리가 얼마나 비선교적(unmissional)이라는 것은, 문화의 형식과 의미가 수용자의 관점에서 고려되지 않을 때 나타날 수밖에 없는 결과를 통해 알 수 있다.

이해를 위해, 성경 번역과 관련된 간단한 일화를 예로 들어보자. 신약성경에는 돼지라는 동물이 기록되어 있다. 기독교인이라면 누구나 알고 있듯이, 신약시대 유대문화에서는 돼지를 기르지도 만지지도 섭식하지도 않았다. 돼지라는 형식에는 부정한 동물이라는 의미가 내포되어 있었기 때문이다. 이제 성경을 파푸아뉴기니어로 번역하려는 성경 번역 선교사가 있다고 가정해 보자. 성경 번역 선교사는 성경은 하나님의 말씀이므로 일점일획도 가감해서는 안 된다는 신앙적 확신을 갖고 있었다. 그래서 파푸아뉴기니 종족 언어 중에서 돼지에 해당하는 단어(문화 형식)를 찾아 정확한 번역을 마쳤다. 과연 이 성경을 통해 성경이 의도한 바가 정확히 전달될 수 있을까?

---

11 형식과 의미에 관한 좀 더 상세한 논증은, 찰스 H. 크래프트, *Anthropology for Christian Witness*, 안영권, 이대헌, 『기독교문화인류학』 (서울: 기독교문서선교회, 2005), 2부를 참조하라.

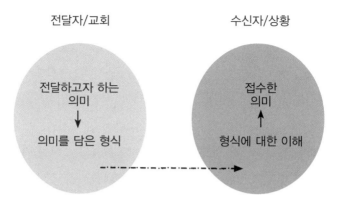

전달자/교회　　　　　　　　수신자/상황

전달하고자 하는
의미
↓
의미를 담은 형식

접수한
의미
↑
형식에 대한 이해

그림 2. 문화의 형식과 의미

　파푸아뉴기니어에도 돼지에 해당하는 단어(문화 형식)가 있다. 문제
는, 파푸아뉴기니인들이 그 형식에 부여하는 의미에 있었다. 파푸아뉴
기니 사람들에게 돼지는 가족과도 같이 소중한 가축이었고, 재산목록
1호로 파푸아뉴기니 사회에서 중요한 가치를 가진 가축이다. 따라서, 파
푸아뉴기니 사회에서 돼지라는 문화 형식에는 상당 정도의 긍정적 의미
가 내포되어 있을 수밖에 없다. 이들 파푸아뉴기니인들이 자신들의 언
어로 번역된 성경을 읽으면서 과연 그 성경이 내포하는 바 의미를 제대
로 이해할 수 있을까?

　오늘날 많은 복음 전달자들이 정도의 차이가 있다 하더라도 이런 비
선교적(unmissional) 오류를 저지르곤 한다. 물론 의도한 것은 아니다.
필자는 이 짧은 글을 통해 문화의 형식과 의미를 구별하고, 수용자 지향
적 태도를 갖추는 것이야말로 선교적(missional) 복음 전달자들이 갖추
어야 할 핵심 자격임을 강조하고자 한다.

한국 사회의 문화적 급변, 선교적 교회가 알아야 할 변화

서론에서 강조했듯이, 복음의 진리 됨을 보수하는 동시에 교회가 속한 사회문화적 맥락을 이해하는 것은 선교적 사역자라면 반드시 갖추어야 할 조건이다. 지금까지 복음을 전달해야 할 선교적 사역자(교회)가 복음을 전달할 사회문화적 맥락을 이해하는 데 필요한 문화의 네 가지 차원과 문화의 형식과 의미에 대해 간단하게 살펴보았다. 이제, 급변하는 한국 사회의 문화변동의 큰 흐름에 대해 살펴보겠다.

이 글의 목적은, 복음 전달자로서 한국 교회가 선교적 교회로 존재하기 위해 요구되는 문화 이해의 중요성에 대한 기본 격자를 제시하는 데 있다. 따라서 여기에서는 한국 사회 문화변동에 대한 세부적 내용을 자세히 다루지 않고, 그 흐름의 변화 양태를 설명하는 것으로 논의의 범주를 제한하고자 한다.

한국 사회는 세 번째 밀레니엄을 맞이한 이후, 사회문화적으로 대단히 큰 격변을 겪고 있다. 문화적으로 볼 때, 2000년대를 기점으로 그 이전에는 한국 문화에 대한 단일 담론 형성이 가능했지만, 이후 급격한 다원화를 경험하면서 단일 담론으로서 한국 문화를 논하는 것이 더는 가능하지 않게 되었다. 무엇이 이런 변화를 초래한 것일까? 필자는 아날로그 사회로부터 디지털 사회로의 전환이 그 중심에 있다고 본다. 물론 한국 사회가 디지털 사회로 전환되기 시작한 것은 2000년대 이전부터였지만, 디지털 사회로 본격적으로 편입되기 시작한 것은 대략 2000년대를 전후해서 발생한 일이다.[12]

---

12 주장하는 학자마다 다소간의 연차는 있으나, 대략 1980년대 초반생부터 디지털 세대

2016년 이세돌 9단이 알파고와의 대국에서 패한 사건이 계기가 되어 동년 스위스 다보스에서 열린 세계경제포럼에서 클라우드 슈밥이 제기한 제4차 산업혁명에 관한 관심이 디지털 혁신에 대한 열기로 대두되었다. 그러나 관심과 열기의 정도를 고려한다면, 일반인들의 삶에 직접적인 영향을 끼치는 실질적 변화는 미미했다(혹은 체감하지 못했다).[13] 2020년 초에 시작된 코로나19 팬데믹으로 인해 한국 사회 전반은 2년

로 분류하는 것이 일반적이다. 흔히 말하는 밀레니얼(M) 세대(1980년생부터 1995년생)로 시작하여 Z세대(1996년생부터 2010년생)가 그 뒤를 잇고 있으며, 현재는 알파 세대의 등장에 주목하고 있다. 디지털 세대 간 분류는 각 세대가 얼마나 디지털화되었는가와 새로운 디지털 기술로 인해 발생한 디지털 현상에 얼마나 침잠해 있느냐에 따라 이루어진다. 밀레니얼 세대가 등장하기 전 세대인 X세대는 아날로그 환경에서 태어나 성장했으나 10대 후반부터 새로운 디지털 문명에 편입된 디지털 이주민(digital immigrants) 세대에 해당한다. 이후 등장한 디지털 1세대인 밀레니얼(M) 세대와 2세대인 Z세대, 그리고 3세대인 알파 세대 간의 시간적 격차는 대략 15년 정도로 본다. 아날로그 시대 세대 간 격차를 30년으로 보던 것에 비하면, 세대 간 연차가 절반으로 줄어든 셈이다. 흥미로운 것은, 새로운 디지털 기술의 도입으로 인해 디지털화가 가속화될수록 디지털 세대 간 연차가 줄어들고 있다는 점이다. 알파 세대는 현재 초등학생부터 중학생에 이르는 대략 6-7년 연차에 해당하는 아이들을 가리키고, 학령 이하에 속한 아이들은 베타 세대로 분류하는 것이 대표적인 경우다. 디지털 세대 간 연차가 줄어들고 있다는 것은, 급속한 기술의 발달과 그로 인해 변할 수밖에 없는 삶의 양태에 따라 한국 사회 내 구성원들의 사회문화 인식이 급격히 다원화되고 있음을 의미한다. 이 변화가 의미하는 것이 무엇이고, 그 지향점이 갖는 장단점을 파악하지 못하면 선교적 접근 전략을 수립할 수 없다. 따라서, 선교적 교회를 지향한다면, 이러한 사회문화적 변동을 간과할 수 없다.

13 문화는 본질에서 두 가지 중요한 특성이 있다. 하나는 변화에 대한 보수적 반응이고, 다른 하나는 변화에 대한 능동적 반응이다. 변화에 대한 보수적 반응은, 주로 해당 문화에 천착해서 기득권을 형성하고 있는 기성세대가 보이는 반응이다. 이들 기성세대는 문화의 내외적 압력에 직면해 스스로 생존을 유지하기 위해 변화를 거부하거나 수동적으로 반응한다. 반면, 변화에 대한 능동적 반응은 해당 문화에서 기득권을 차지하지 못하고 있는 청년 이하 세대가 주도한다. 이들 세대는 내부적 요구와 외부적 영향에 능동적으로 반응해, 자신들 만의 고유한 문화체계를 형성하려 한다.

여 동안 아날로그식 접촉을 강제로 중지할 수밖에 없었고, 동기간 사람들의 삶(특히 사회적 접촉)은 각종 디지털 기기를 통해 이루어질 수밖에 없었다.[14] 팬데믹으로 인해, 사람들의 삶은 달리 선택의 여지가 없이 디지털 방식으로 운영될 수밖에 없었기 때문에, 코로나19 발생 이후 사람들의 삶은 급속하게 디지털화될 수밖에 없었다.

그렇다면 아날로그 문화와 디지털 문화의 차이는 무엇일까? 아날로그식 작동 방식은 산업화 시대를 관통하며 지배적 작동 방식으로 자리 잡았고, 이 과정에서 아날로그 문화를 형성했다. 이러한 아날로그 문화의 작동 방식은, 조선시대 이후 한국 사회의 지배적인 사회문화적 기저로 뿌리내렸고, 기성세대를 중심으로 한국 사회의 작동 방식에 여전히 중요한 영향력을 행사하고 있는 성리학적 사고체계와 그 특성을 공유한다.

앞서 언급했듯, 한국 사회가 본격적으로 디지털화되기 시작한 것은 불과 30년이 채 되지 않는다. 그럼에도 불구하고, 한국 문화의 기득권에 속하지 않기 때문에 변화에 개방적이고 능동적일 뿐만 아니라 디지털 기기를 삶의 중요한 방식으로 체화시킨 디지털 세대는, 이전에 존재하지 않았던 새로운 가치관에 기반한 디지털 문화를 형성했고, 그 문화에 기반한 자신들만의 정체성을 형성하고 있다.

---

14 필자는 지면의 한계 때문에 문화를 아날로그 대 디지털로 단순화시켜 제한적으로 설명할 수밖에 없다. 문화의 형성에 관해 단순화시켜 소개하자면, 디지털 문화는 누군가(혹은 어떤 집단이) 디지털 문화를 형성하려는 의도를 가졌기 때문에 발생한 것은 아니다. 사람의 편리를 위해 사용하기 시작한 디지털 기기의 발전과 확산은, 그 기기를 사용하는 사람들의 행태와 사고방식에 변화를 가져오게 되고, 시간이 지남에 따라 디지털 양식에 따른 새로운 문화의 흐름(세계관과 가치관, 하부문화구조들에 대한 변화, 개인의 삶의 패턴과 행위 양식의 변화)이 발생하게 된 것이다.

기성 세대	디지털 세대
아날로그 기기	디지털 기기
산업화 시대	4차 산업혁명 시대
성리학 구조	무속 구조[15]

표 1. 기성 세대와 디지털 세대 문화 형성 기반의 차이

문제는, 기성세대가 문화적 기저로 삼고 있는 아날로그 문화의 기본 가치관과 디지털 세대가 정체성의 기저로 삼고 있는 디지털 문화의 기본 가치관이 가치 측면에서 면면마다 상호 충돌하는 특성을 드러낸다는 데 있다. 아날로그 문화의 기본 가치관은 수직적 질서와 지위를 강조하는 반면, 디지털 문화는 수평적 질서와 개인의 자유를 강조한다.

수직적 질서와 지위를 강조하는 아날로그 문화는 집단적이고 피라

---

15   아날로그 문화의 기본 가치와 성리학 문화의 기본 가치 간에는 놀라울 정도의 유사성이 존재한다. 반면, 디지털 문화의 기본 가치와 무속의 기본 가치 간에도 그에 못지 않은 유사성이 존재한다. 필자는 한국 사회의 급속한 산업화에 대한 성리학 문화의 기여가 상당 정도 상관성이 있다고 보고 있다. 같은 맥락에서, 한국 사회의 급속한 디지털화에 한국의 고유문화인 무속(무속은 무의 문화를, 무교는 무의 종교를 의미한다. 무교는 무속의 종교적 하부구조를 의미하므로, 양자를 같은 것으로 보지 말아야 한다)이 문화적 기저로서 의미 있는 역할을 하고 있다고 본다.

무속은 고대 한국 사회 이후부터 한국인의 세계관과 가치관을 형성해 온 가장 전통적인 문화다. 무속의 기본 특성은, 평등, 조화와 균형, 즉흥성, 자유분방함 등으로 구성된다. 고대 이후 한국 문화의 기저로 작동하던 무속은, 조선왕조가 국가 철학으로 성리학을 채택한 이후 천시받고 최고 강도로 억제되었다. 수직적이고 정적인 체제 유지를 최고의 가치로 보는 성리학의 입장에서, 자유분방함과 평등에 기초한 조화와 균형을 가치로 여기는 무속의 가치는 최대한 억눌러야 할 대상으로 보일 수밖에 없었다. 현재 기성의 한국 문화 내에서, 성리학적 체제는 낮을 지배하는 양의 문화로 무속은 밤을 지배하는 음의 문화로 간주하고 있다. 그러나 디지털 문화의 등장 이후, 무속의 문화적 특성들은 디지털 문화의 폭발적 표현에 문화적 기저로 작용하고 있음을 고려할 때, 디지털의 부상은 한국의 전통 가치 중 무속 가치의 부상을 초래하고 있다고 봐도 무방할 것이다.

미드식 사회 구조를 정당한 것으로 수용하고, 무한 경쟁을 통해 더 높은 지위로 올라가는 것을 당연시하기 때문에, 개인의 창의성이나 독창성의 출현을 긍정적인 것으로 인정하지 않는다.[16] 아날로그 문화에서는 집단의 발전에 개인의 성취가 달려 있다고 보기 때문에, 개인은 창의성이나 독창성 개발에 시간을 낭비하기보다는 집단이 정한 목표를 위해 자신의 역할을 희생적으로 완수하는 것을 중요한 가치로 간주한다.

반면, 수평적 질서와 자유를 강조하는 디지털 문화는 집단의 가치가 아닌 개인의 가치를 우선시하고, 개인이 창의성과 독창성을 개발해 공정한 상보성을 전제로 상호 간 협력을 통해 새로운 융합적 창조를 성취하는 것을 중요한 가치로 수용한다. 그리고 이 가치를 추구하기 위한 전제로, 개별 사회 구성원들 간의 수평적 평등과 협업의 추진에 있어 공정성을 담보하는 것을 대단히 중요한 핵심적 가치로 강조한다.

아날로그 문화의 기본 가치	디지털 문화의 기본 가치
수직적	수평적
집단 우선	개인 우선
질서 강조	자유 강조
위계에 따른 복종의 중요성	상보적 협력의 중요성
의무 강조	엔터테이닝 강조
정적	동적
남성 중심	성 평등 지향

표 2. 아날로그 문화와 디지털 문화의 기본 가치 차이

---

16 모난 것이 정 맞는다는 속담을 떠올려 보라.

디지털 방식이 아날로그 방식을 대체하며 우리 사회 전면에 등장하기 전까지, 한국 문화는 성리학적 가치에 부합하는 산업화 논리가 지배하는 사회였다. 따라서 한국 문화에 대한 단일 담론 형성이 가능했다. 그러나 디지털 방식이 한국 사회의 새로운 지배적 작동 방식으로 부상하고 난 2000년대 이후, 한국 사회의 다양성이 폭발적으로 증가했고, 한국 문화는 더는 단일한 담론 구조로 설명할 수 없게 되었다.

문화에 뿌리내리는 선교적 교회 형성을 위한 고민

필자가 선교학 석박사 과정에서 수학할 2000년대만 하더라도, 외국의 많은 교회 지도자들이 한국 교회가 보인 놀라운 성장에 감탄하며 일종의 본으로 언급하는 것을 심심치 않게 들을 수 있었다.[17] 그러나 최근 들려오는 소식에 따르면, 한때 한국 교회의 성장에 감탄에 마지않던 사람들이 한국 교회가 이렇게 짧은 기간에 급속히 쇠락하고 있는 현상을 놀라워하며 그 원인에 관한 연구를 시작했다고 한다. 한국 교회의 구성원으로 반갑지 않은 소식인 것은 분명하지만, 부정할 수 없는 사실이기에, 오래전부터 그 원인에 대한 다각도의 분석이 필요하다고 느끼고 있었다.[18]

필자는 이 글을 통해 급속한 문화 격변을 겪고 있는 한국 사회에 관

---

17 그러나 이미 한국 교회의 사정이 그렇지 않다는 것을 알고 있던 필자는 그들의 감탄사를 당황스럽게 받아들였던 기억이 있다.

18 이미 이에 관한 신학적, 사회학적 분석이 다수 진행되었고 출판물로도 다수 출간되었다.

한 한국 교회의 무관심과 무지, 그리고 그로 인한 상황화의 실패[19]가 핵심 원인 중 하나라 주장한다. 그렇다면, 한국 교회가 한국 사회의 변화에 주목하고 하나님 나라의 복음으로 시대의 변화에 상황적으로 반응하는 선교적 대응이 하나의 보완책으로 제시될 수 있으리라 본다. 이 글을 통해 문화를 이해하는 기본 틀에 관해 간단히 설명했고, 한국 사회의 급격한 문화적 전환을 아날로그(산업화 시대의 논리, 성리학적 사고) 문화에서 디지털 문화로의 변화로 설명했다. 이제 한국 교회가 문화에 뿌리내린 선교적 교회를 지향하기 위해 고민해야 할 것이 무엇인가에 대해 제언하고자 한다.[20]

한국 교회의 부흥과 쇠락, 그 원인에 대한 소견

한국 사회의 문화적 하부구조의 일부로 존재하며 한국 사회가 공유하는 문화적 가치관에 따라 교회의 구조와 질서를 세워나간 한국 교회는 놀라운 성장의 역사를 이뤄내기도 했다.[21] 한국 교회는 한국전쟁의

---

19 상황화는 일회적으로 끝나는 선교적 작업이 아니다. 상황화는 문화의 변동에 따라 지속해서 이루어져야 할 교회의 사역 과제이다. 따라서 이전 여러 세대와 기성세대가 기존의 문화 속에서 성공적인 상황화를 이루어 냈다 하더라도, 자신들이 이룬 상황화의 성과를 제도화하고 화석화시키게 되면 끊임없이 유동하는 문화의 흐름을 포착하지 못하게 될 것이고, 이는 상황화의 실패로 이어져 새로운 세대에게 더 이상의 설득력을 갖지 못하게 될 것이다.

20 앞서 한국 사회의 급속한 문화변동을 아날로그 사회에서 디지털 사회로의 전환으로 설명했으므로, 필자의 제언도 한국 문화의 디지털화에 대해 한국 교회가 어떻게 반응해야 할지에 관한 것으로 한정할 것이다.

21 문화적 일치가 교회 성장의 유일한 원인일 수는 없다. 이는 한국 교회의 급속한 쇠락 원인이 문화적 불일치에만 있는 것이 아닌 것과 같다. 그러나 산업화 시대에 한국 교

폐허 더미 위에서 산업화를 통해 물질적 풍요를 최고의 가치로 추구하던 한국 사회를 향해 현실적 축복(세속적)과 천국에 대한 소망(영적)을 제시함으로써, 전후 한국 사회가 욕망하는 바를 종교적으로 충족시켜 주었다. 물론 한국 교회의 이러한 복음 제시 방식이 역상황적(counter-contextual)[22] 측면을 보였던 것이 사실이다. 그러나 한국 사회의 문화적 가치관에 부합하는 방식으로 기독교 메시지를 성공적으로 상황화하는 데 일정 부분 성공한 것 또한 분명한 사실이다. 문화적으로 볼 때, 과거 한국 교회의 놀라운 성장 원인이 문화적 상황화를 성공적으로 이루어낸 데 있었음에는 의심의 여지가 없다.

회의 주요한 성장 원인 중 하나가 한국 교회가 한국 사회의 일반적 가치관을 적극적으로 공유하고 반영하고 있었기 때문이라는 것에는 의문의 여지가 없다.

22 역상황화란 용어는 필자가 만들어 낸 조어임으로 선교학계에서 일반적으로 사용하는 용어가 아님을 밝혀둔다. 역상황화(counter-contextualization)는 상황화 과정에서 성경적 의미가 피선교지의 형식에 담긴 의미를 대체해 실질적인 가치관의 변화, 나아가서는 세계관의 변화를 통해 진정한 의미의 복음화를 이뤄내는 것이 아니라, 그 과정에서 성경적 의미가 소실된 체 피선교지의 의미가 성경적 의미인 양 교회 내에 정착하는 현상을 의미한다. 장기적으로 볼 때, 역상황화는 교회의 선교적 본질을 훼손하는 결과를 초래한다. 예컨대, 현재 한국 교회에서 사용하고 있는 "복"은, 하나님과의 관계를 그 핵심으로 보는 성경적 복 개념이 아닌, 기독교 신앙을 통해 신자가 원하는 것을 성취하는 것으로 변질된 지 이미 오래다. 이 경우, 한국 교회가 공유하는 "복" 개념은 성경적 "복" 개념이 아닌 역상황화된 체 정착한 "복" 개념에 불과하다.

무속	글로벌 디지털 세대	한국 디지털 세대	산업화/아날로그 세대	한국 교회	성리학
무속의 성격	글로벌 디지털 세대의 사회문화적 성격	한국 디지털 세대의 사회 문화적 성격	기성 세대의 사회 문화적 성격	한국 교회의 사회 문화적 성격	성리학의 성격
평등 조화 자유분방성 즉흥성 (카오스적 힘의 분출을 통해 발현)	평등 참여 협동 자유지향적 혁신	평등 참여 협동 자유지향적 혁신	수직적 남성 중심적 집단주의적 정적 /제한적 변화에 능동적	수직적 남성 중심적 정적 집단주의적 (영적 家로서의 지역 교회 중심)	수직적 남성 중심적 정적 집단주의적 (家 중심적)
간접적 영향 사회 문화적 촉매 역할	직접적 영향 사회 문화적 성격 형성	성리학적 가치에 저항 /무속과 글로벌 디지털 세대의 사회 문화적 성격에 호응	직접적 영향 사회 문화적 억압	직접적 영향 사회 문화적 억압	직접적 영향 사회 문화적 억압

표 3. 문화의 변동과 한국 교회의 문화

문화적으로 적절한 상황화에 성공했음에도 불구하고, 이 과정에서 한국 교회가 갖고 있던 보다 심각한 문제는 복음을 이원론적 관점에서 이해하고 있었다는 것이다.[23] 이원론적 이해는 성과 속을 영역의 분리

---

23 이 점에 대해 상세히 다룰 수 있는 지면이 없으므로, 여기에서는 한국 교회를 지배해 온 복음에 대한 이원론적 이해가 상황화의 고착화와 왜곡으로 귀결되었음을 강조하는 것으로 만족하고자 한다.

를 통해 이해하는 방식이다. 이원론적 이해는 교회를 위시한 기독교와 관련된 종교 영역과 세상으로 통칭하는 일상 영역을 분리한 체, 전자에 속한 것을 신앙의 영역(영적인 영역)으로, 후자에 속한 것을 기독교 신앙에 위해가 되는 영역(육적인 영역)으로 본다. 이원론적 이해는 다수의 시간을 일상에서 보내고 있음에도 불구하고, 제한된 종교적 시간과 공간을 지향하게 하고, 현세를 살면서도 내세를 지향하는 것을 신앙의 올바른 자세로 보게 한다. 이런 식의 신앙 이해에 따르면, 전도와 선교는 교회의 숫자나 기세, 교인의 수로 대변되는 기독교 영역의 확장으로 이해할 수밖에 없고, 마땅히 구속의 대상이어야 할 세상(롬 8:19-22 참조)으로부터의 고립을 올바른 영성의 추구로 정당화시킬 수밖에 없다. 결과적으로 이원론적 신앙 이해는, 한국 문화의 하부구조 중에서도 기독교라는 종교 영역으로 기독교 신앙의 영향력을 제한하고, 기독교인 됨을 세상에서 복음의 빛으로 소금으로 살아내느냐가 아닌 종교 영역에 충성하고 있느냐 여부로 평가하게 함으로써, 선교적 교회 됨 자체를 불가능하게 한다.

안타깝지만 인정하지 않을 수 없는 사실은, 작금 한국 교회가 이원론적 신앙에 메임으로써 과거 교회가 한국 사회에 제공했던 그 어떤 영향력도 제공하지 못하고 있으며, 산업화 시대(성리학적 구조와 아날로그 시스템)의 가치관에 뿌리내린 화석화된 한국 교회 문화를 고집함으로써 새로운 지배적 문화세력으로 한국 사회에 부상하고 있는 디지털 세대의 가치관을 이해도 포용도 할 수 없는 비선교적(unmissional) 교회로 전락하고 있다. 현재 한국 교회는 선교적 상황화에 완전히 실패하고 있다.

디지털 문화에 뿌리내린 선교적 교회 됨을 위한 제언

디지털 세대를 생각할 때 최우선으로 고려해야 할 전제가 있다. 그 것은, 기성의 제도권 한국 교회와 디지털 세대 간의 차이는 같은 문화권 내에서 문화를 공유하면서도 가치 면에서 강조점에 다소 차이가 있는 세대 간 차이가 아닌, 서로 다른 가치관을 가진 문화와 문화 간의 차이 라는 점을 명확히 인식하는 것이다.

앞에서 언급했듯, 기성의 제도화된 한국 교회가 뿌리내린 문화적 토 양은 성리학적 사고와 산업화 시대의 구조를 가진 아날로그 문화였다. 아날로그 문화를 지탱하는 핵심 가치가 수직적 질서와 집단성에 있으므 로, 이 문화를 공유한 기성세대가 기득권 세력으로 포진하고 있는 하부 문화구조들은 수직적 질서와 집단논리를 조직과 사회 구성의 기본 격자 로 견지하고 있다. 따라서, 같은 문화적 가치관을 공유하고 있는 기성의 제도권 교회의 내부 작동 방식 또한 수직적 질서와 집단성을 반영할 수 밖에 없다.

반면, 디지털 세대가 공유하는 문화의 기본 가치는 수평적 협력과 개 별성에 대한 존중을 바탕에 깔고 있다. 그러므로 디지털 세대에 선교적 으로 접근하고자 한다면, 한국 교회는 (수직적 질서와 집단성을 공유하는) 같 은 문화권 내의 다른 세대에 접근하는 방식이 아닌, 기성의 한국 교회와 전혀 다른 문화적 가치관을 소유한 타문화권에 속한 사람들에게 접근하 는 방식을 취해야 한다(그림 3 참조).[24]

---

24 선교학에서는 "타문화권"이란 용어가 존재한다. 일반적으로 타문화권은 자신의 문화
    와 지리적 경계를 전제로 한 문화적 경계 너머에 있는 또 다른 문화권을 지칭할 때 사

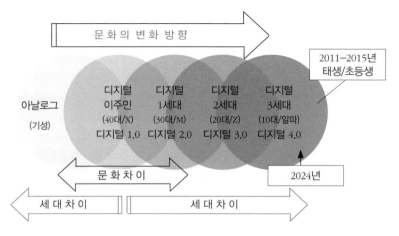

그림 3. 문화의 변동, 아날로그에서 디지털까지

따라서, 디지털 세대에게 복음이 갖는 의미를 전달하려면(전수하려면), 한국 교회는 세대의 경계가 아닌 문화의 경계를 넘어가야 한다.[25]

용하는 용어다. 필자는 향방과 속도를 알 수 없는 디지털 기술의 발전과 그로 인해 초래되는 문화적 단절에 주목하고 있고, 따라서 선교학에서 일반적으로 사용해 오던 "타문화권"에 대한 이해의 지평을 확장할 것을 제안한다. 기존에 사용하던 "타문화권"은 지리적 경계를 넘어 수평적으로 이동한다는 의미에서 "수평적 타문화권"이라 지칭하고(따라서 우리가 익히 알고 있는 해외선교사들은 타문화권 선교사가 될 것이다), 동일 문화권으로 치부되던 문화 내에서 디지털로 인해 발생하는 문화적 차이는 수직적으로 발생한다는 의미에서 "수직적 타문화권"으로 지칭할 것을 제안한다. "수직적 타문화권"이란 용어의 사용은 다음 세대와의 차이가 단순히 세대 간 차이가 아닌 문화적 차이로 인식할 것을 요구하고, 따라서 타문화권 사역에 활용되던 전제를 적용할 것을 요구한다(그림 3 참조).

25 오해하지 말아야 할 것은, 아날로그 문화가 수평적 가치를 부정하거나 개별성을 거부하지 않는다는 점이다. 반대로 디지털 문화가 수직적 질서와 집단성을 전면적으로 부정하지도 않는다. 쉽게 말하면, 두 문화가 공유하는 부분이 분명히 존재한다는 점이다. 다만, 아날로그 문화는 수직적 질서와 집단성이 훼손되지 않는 범위 내에서 수평성과 개별성을 인정할 뿐이다. 같은 맥락에서, 디지털 문화도 수평적 가치와 개별성이 억압되지 않는 한도 내에서 수직적 질서와 집단성의 가치를 존중한다. 다만, 디지

한국 교회의 가치관과는 전혀 다른 가치관을 가진 새로운 유형의 문화인 디지털 문화로 건너가기 위해, 한국 교회에 익숙하고 한국 교회가 보수하는 아날로그 문화의 옷을 벗고 디지털 문화의 옷을 입기를 주저하지 말아야 한다.[26] 그런 사역을 감당할 수 있는 새로운 유형의 타문화권 선교사들을 양성해야 한다. 한 걸음 더 나아가, 디지털 세대 내에도 다양한 세대(M세대, Z세대, 알파 세대, 베타 세대)가 존재하고, 세대에 따라 익숙하게 접한 기술의 차이에 따라 디지털화의 정도와 깊이가 다르므로,[27] 전달 대상 세대가 어떤 세대에 속하느냐에 따라서도 접근 방식을 달리할 필요도 분명히 있다. 우리를 구원하시기 위해 하늘 영광 버리고 이 땅에 성육신하신 하나님의 사랑을 본받는 것이 마땅하다 여긴다면, 우리에게 익숙한 아날로그 방식을 벗어나 디지털의 옷을 입는 그 일을 왜 하지 못하겠는가?

털 세대는 개별성의 가치가 중요한 것으로 인정하지 않는 집단성이 아닌, 개별성의 가치를 전제로 전체를 추구하는 공동체성을 지향한다.

26 이것이 얼마나 어려운 일인지 충분히 짐작해 마지않는다. 그러나 해외의 수평적 타문화권 사람들을 위해 그들의 문화를 기꺼이 배우고 수용할 수 있다면, 가장 사랑하는 자손들에게 복음의 가치를 전달(전수)하기 위해 그런 수고를 왜 할 수 없겠는가? 당장 무엇인가를 변화시킬 수 없다 하더라도, 그런 진정성을 가지고 디지털 세대를 이해하고 수용하려 한다면, 분명히 변화가 일어날 것이다.

27 M세대가 디지털화를 본격화한 것은 스마트폰의 등장으로 인한 유비쿼터스 환경의 조성 때문이었고, Z세대의 경우는 증강현실의 구현 때문이었다. 반면, 알파 세대는 메타버스의 구현과 활용을 통해 디지털화를 체득하고 있으므로, 같은 디지털 세대라 할지라도 세대마다 디지털을 경험하는 기술의 차이에 따른 디지털적 특성의 정도와 깊이에 차이를 보일 수밖에 없다. 베타 세대는 아직 학령 전 연령층에 해당하므로, 이 세대에 관한 본격적 연구 결과가 드물다.

나가는 말

아직도 휴가철에 휴가 대신 단기선교 사역으로 해외 선교지를 방문하는 성도들이 적지 않다. 비록 한두 주 정도에 불과한 짧은 기간이지만, 단기선교를 떠나기 전 주기적으로 모여 피선교지를 위해 기도하고 현지 정보에 대한 기본적인 내용도 학습하는 등 열정을 기울이는 것을 당연지사로 여긴다. 현지에 가서는 한국에서의 안락한 삶을 내려놓고 온갖 불편을 감수하면서 선교지 사람들의 삶과 문화에 적극적으로 동화하는 노력을 아끼지 않는다. 돌아와서는 그런 과정에서 겪은 어려움에 대한 기억을 간증으로 나누기도 한다.

디지털 세대는 현재 한국 교회를 책임지고 있는 세대의 자녀, 손주 세대에 해당한다. 성도들을 대상으로 관련 주제에 관한 교회 특강이 있을 때마다, "여러분이 가진 여러 가지 유산 중에 자손들에게 가장 물려주고 싶은 유산은 무엇입니까?"라는 질문을 하곤 한다. 이 질문에 대한 답변은 예외 없이 "복음의 유산"이다. 정말 칭송할 만한 답변이다. 그런데, "그 유산이 잘 전수되고 있습니까?"라는 후속 질문에 다수의 성도가 어두운 얼굴로 답변을 대신하는 경우가 많다. 한두 주 동안 진행되는 단기선교를 위해서도 심혈을 기울일 수 있는데, 하물며 우리 자녀들을 위해서 하지 못할 까닭이 무엇일까?

한국 교회가 진정 디지털 세대를 포용하고자 한다면, 한국 교회가 디지털 문화라는 수직적 문화권에서 살아가고 있는 세대들에게 복음의 유산을 물려주고자 한다면, 한국 교회가 익숙한 기성 문화적 가치관이 아니라 디지털 세대가 이해하고 수용할 수 있는 문화적 가치관을 통해 접근할 필요가 있다. 그것이 디지털 문화에 복음을 상황화시키는 선교적

교회가 되는 유일한 방법이기 때문이다.[28]

---

28 일반적인 담론을 다루다 보니 지역교회에 대해 언급을 하지 못했다. 지역교회를 위한
    짧은 제언을 덧붙이자면, 지역교회는 교회가 속한 문화적 환경을 이해하는 노력을 해
    야 하고 그에 맞는 상황화 전략을 세워야 한다. 서울 강남 한복판에 있는 교회의 문화
    적 상황화와 동해시의 해안에 인접한 마을에 있는 지역교회의 상황화가 같을 수 없기
    때문이다. 변하지 않는 진리인 복음을 이해하는 것이 선교적 교회 됨의 오른쪽 날개
    라면, 끊임없이 유동하는 사회문화적 상황을 이해하려는 노력이야말로 선교적 교회
    됨의 왼쪽 날개라는 사실을 잊지 말아야 한다. 따라서 보냄받은 지역 상황의 독특한
    문화와 정서를 이해하고 그에 맞는 사역계획을 세우는 것이야말로 문화에 뿌리내린
    선교적 교회로서 온당한 자세일 것이다.

지역사회와 함께하는
마을목회

김윤서 목사

공주수천교회

들어가는 말

최근 한국 교회 안에서 지역과 마을에 대한 관심이 점점 커지고 있다. 이를 반영하듯, 2017년 대한예수교장로회(통합) 102회 총회는 그 주제를 '거룩한 교회 세상 속으로'로 정하고, 교회의 새로운 과제로 '마을목회'을 제시한 바 있다.[1] 이를 바탕으로 다양한 형태의 마을목회가 각 지역교회마다 특색있게 시도되고 있으며, 교회와 목회자들에게 긍정적인 영향을 주고 있다.[2] 그러나 한편으로 우려의 목소리도 적지 않다. 마을목회라는 이름으로 행해지는 다양한 목회적 시도들이 기존의 목회의 틀을 크게 벗어나지 못하고, 이원론적 구원관의 한계에 갇혀 교회와 세상을 선악으로 구분하고 지역주민을 전도의 대상으로 여기거나 교세 확

---

1 『제102회 총회주제해설집, 거룩한 교회, 다시 세상 속으로』(서울: 한국장로교출판사, 2017), 13-29.

2 『자료집, 마을목회에 대한 목회자 인식조사 발표회』(주최: 21세기교회연구소세미나, 2019)

장의 수단으로 도구화하는 경우가 많다.

　마을목회가 한국 교회의 새로운 기회와 대안이 되기 위해서는 한국 교회의 전통적인 교회론의 한계를 극복하고 상실한 사회적 신뢰성을 회복하기 위한 노력이 필요하다. 이를 위해서 무엇보다 교회가 지역사회를 이루는 한 구성원으로서 지역과 함께 공존하고자 하는 '공동체 의식'을 회복하며, 세상과 마을이 경쟁과 이용의 대상이 아니라 교회와 더불어 완성해야 할 하나님 나라로서 샬롬의 공동체를 세워가야 한다. 필자는 '하나님 선교(missio dei)'에 기초한 선교적 교회론(missoional church)이 이를 위한 합당한 신학적 기초를 제공한다고 생각한다. 하나님 나라를 구현하는 것을 교회의 존재론적 목적으로 두고 있는 선교적 교회론은 한국 교회의 새로운 대안으로서 마을목회에 중요한 신학적 방향을 제시할 것이다. 한편으로 마을목회는 우리나라 근현대사의 발전과정이라고 할 수 있는 지역공동체 운동인 '마을 만들기 운동'과 그 맥을 같이 한다고 하겠다. 결국 마을 만들기 운동의 의의와 역사를 바로 이해하는 것이 마을목회가 효과적으로 뿌리내리는 길이 될 것이다.

　따라서 본 글은 먼저 탈종교화와 반기독교적 정서가 팽배한 오늘날의 한국 사회 속에서 교회가 어떻게 지역공동체의 한 일원으로서 마을과의 신뢰를 회복하고, 하나님 나라 구현의 사명을 감당할 수 있을지를 선교적 교회론의 신학과 마을 만들기 운동의 철학을 차례로 살펴봄으로써 밝히고자 한다. 이를 바탕으로 마을목회를 일선의 교회들이 실천할 수 있는 목회적 실천 모델을 준비와 과정의 관점에서 제시하고자 한다.

마을목회의 대두과 영향

1. 마을목회에 대한 관심과 원인

마을목회에 대한 한국 교회의 관심이 그 어느 때보다 뜨겁다. 이같은 마을목회에 대한 관심은 한국 교회의 위기와 무관해 보이지 않는다. 1960-70년대까지 꾸준히 이어오던 교회성장은 90년대에 와서 둔화되기 시작하더니, 2000년대에 이르러서는 정체와 감소 추세가 뚜렷하다. 이런 현상은 2019년 전 세계를 강타한 코로나19 바이러스로 인해 더욱 가중되었다. 이러한 위기에 대한 자성과 성찰의 목소리가 교회 안팎에서 나오면서 마을목회에 대한 관심은 더욱 두드러지고 있다. 마을목회에 대한 관심의 이유가 교회의 위기라는 아이러니한 현실에서 우리는 지금 한국 교회가 맞이한 위기상황을 좀더 구체적으로 살펴볼 필요가 있다.

1) 한국 교회의 위기

a. 신뢰도 추락

'기독교윤리실천운동'이 10년 넘게 조사한 한국 교회에 대한 신뢰도는 큰 변동없이 매우 낮게 평가되고 있으며, 급기야 코로나 팬데믹 이후 더욱 악화된 것으로 나타났다. '목회데이터연구소'의 조사결과에 의하면, 코로나19가 처음 시작되었던 2020년에 한국 교회의 신뢰를 묻는 질문에 '신뢰한다'는 응답이 32%에서 2021년에는 21%로 감소했고, '신뢰하지 않는다'는 응답은 64%에서 76%로 증가한 것으로 나타났다. 한국 교회에 대한 사회적 이미지를 묻는 질문에도 '더 나빠졌다'는 응답이 52.6%로 절반을 넘었다.[3] 2022년 4월 '국민일보'의 조사에서도 일반 국민들의 79.3%가 '개신교는 국민의 안전은 관심이 없고 오로지 자기들 종교활동만 관심이 있다'고 응답했는데, 이를 종교에 따라 나누어보면, 개신교인 51.7%가 '그렇다'고 응답한 반면 비개신교인들은 무려 85%가 '그렇다'고 응답했다. 개신교인 스스로도 부정적으로 평가했다는 점보다 더 우려스러운 것은 교회 내부와 외부의 평가가 극명하게 갈린다는 점이다.

b. 지역 사회와의 단절과 공적 책임의 상실

'교회는 거룩한 곳이며 세상은 속되다'는 이원론적 신앙관은 한편으로 교회와 세상을 둘로 나누어 배타적 삶의 태도를 갖게 하였다. 교회를 거룩한 곳으로 보고 세상을 속된 것으로 보며, 세상과 교회의 관계를 대립적인 관계로 정립할 때, 교회는 더 이상 세상과 같이 할 수 없다. 흔히 교회에 대해여 '공동체'라는 말을 사용하지만, 오늘날 한국 교회는 초대교회가 경험했던 교회와 세상 간에 긴밀한 공동체적 체험을 점점 잃어가고 있다. 한국 교회는 고립된 성처럼 '끼리끼리의 집단'을 이루며, '게토(ghetto)'화된 집단으로 자신들만의 세계 속에 갇혀 세상과 점점 단절되어 가고 있다.[4] 지역 사회와의 단절은 교회 밖의 세상에 대한 무관심과 무책임으로 이어졌다. 고인 물이 썩듯이, 스스로 고립된 교회는 점점 자신의 사명을 상실하고 말았다. 초기 한국 교회의 역사는 사회참여와

---

3 지용근 외, 『한국 교회 트렌드 2023』 (서울: 규장, 2022), 225-26.

4 정재영, 『함께 살아나는 마을과 교회』, 20-21.

나라사랑의 모습을 잘 보여준다. 남녀차별과 신분제와 같은 사회 부조리를 혁파하고, 위기 때마다 앞장서 나라의 안위를 위해 싸웠으며, 새로운 가치질서를 확립하는 선구자적 역할을 감당했다. 하지만 오늘날 한국 교회의 활동 가운데에는 이같은 공적 영역에 책임감 있는 모습을 찾아보기가 어려운 실정이다.

C. 파괴된 교회 생태계

교회 생태계는 자연 생태계와 마찬가지로 다양한 형태의 교회와 기관들이 서로 긴밀히 연결되어 있으며 생존에 밀접하게 영향을 미친다. 한국 교회는 대형교회뿐만 아니라 다수의 중형교회, 소형교회들로 구성되어 있다. 이중 소형교회의 생존위기는 심각하다. 소형교회의 존립 위협의 문제가 반복되는 것은, 큰 교회로 쏠리는 이른바 '교회 간의 양극화 현상' 때문이다. 한국 교회의 양극화 현상은 비단 작은 교회들의 위기로 끝나지 않았다. 그 대표적인 현상이 소위 '가나안 성도'이다. 신앙은 가졌으나 제도권 교회는 거부하며, 이스라엘 백성들이 가나안 땅을 향해 광야를 지났듯이, 새로운 교회를 찾아 다니는 현상이 2030세대를 중심으로 확산되고 있다.

2) 대안으로서 마을목회의 다양한 시도들과 평가

한국 교회의 위기에 대한 반성의 목소리와 함께 새로운 대안들이 시도되고 있다. 그 대표적인 사례가 '마을목회'라 하겠다. 기존의 성장주의 패러다임을 극복하고 교회의 본질을 회복하며 교회가 속한 지역사회와 소통하고 마을의 책임 있는 구성원으로서 역할을 감당하기 위한 새로운 도전이 마을목회의 형태로 다양하게 시행되고 있다. 각 유형별 비율을 보면, '복지서비스 형'이 34.4%, '공간활용형'이 24.7%, '지역참여형'이 21.9%, '생활문화형'이 17.9%, '지역경제형'이 2.2%, 기타 등의 비율로 나타났으며, 이는 전통적으로 노인 돌봄시설, 지역아동센터와 같은 '복지서비스 형'의 방식이 널리 시행되고 있으나, 나머지 '공간활용형'과 '생활문화형', '지역참여형'의 활동들도 골고루 시도되고 있음을 보여준다.[5]

그렇다면 마을목회에 대한 평가는 어떠한가? 마을목회가 교회와 지역사회에 미치는 영향은 무엇인가? '21세기교회연구소'는 전국의 목회자 500여 명을 대상으로 마을목회에 대해 설문조사를 진행하여 결과를 내놓았다.[6] 그 자료에 의하면, '마을목회에 대한 교인들의 관심'을 묻는 질문에 '매우 호의적이다'(32.2%)와 '약간 호의적이다'(45.2%)를 포함해 긍정적인 대답이 77.4%로 대부분의 교인들이 마을목회에 대해 긍정적인 것으로 나타났다. 또한 '마을목회에 교인들이 참여하고 있는지'를 묻는 질문에 '매우 참여한다'(21.2%)와 '약간 참여한다'(60.0%)의 대답으로 높은 참여도를 보이고 있다. 마을목회를 시작하고 난 이후 활동의 변화를 보면, 점점 축소되었다는 비율(9.3%)보다, 현상유지 되거나(33.2%) 점점 확장되었다는 비율(57.5%)이 현저히 높으며, 그 만족도도 상당수가 만족하는 것으로 조사되었다.

교회 내의 평가 외에 지역사회로부터의 평가 조사를 보면, '마을목회로 마을에서 진정성을 인정받고 칭찬을 받은 경우가 있었는가?'라는 질

---

5 21세기교회연구소, "마을목회에 대한 목회자 인식조사 발표회," 9.

6 위의 책, 25-27.

문에 '그렇다'가 79.2%, '그렇지 않다'가 20.8%로 나타났으며, '무관심
이었던 마을주민이 마을목회로 이해와 협조를 얻게 되었는가?'에 대한
질문에 '그렇다'가 65.5%, '그렇지 않다'가 34.5%의 결과로 나타난 것
을 보아, 마을목회가 지역사회로부터로 대체로 긍정적인 평가를 받고
있는 것으로 평가된다.[7]

2. 마을목회의 정의와 특징

몇몇 신학자들은 마을목회를 서구에서 제시한 선교적 교회론의 아류
로 생각하거나 또는 농어촌교회들을 위한 목회와 선교방안으로 이해하
기도 하나, 인식의 새로운 변화와 함께 그 지평이 넓어졌다. 마을이 농
어촌이라는 한정된 지리적 공간의 개념에서 하나의 공동체를 이루어 함
께 살아가는 모든 구성원의 삶의 터전으로 확대될 때, 교회가 자리한 모
든 지역이 마을목회가 필요한 곳이 된다. 그런 관점에서 마을목회는 농
어촌에만 국한된 목회방안이 아니라, 도시건 농촌이건 교회가 속한 지
역과 그곳에 함께 살아가는 지역주민을 목회의 현장과 대상으로 여기며
그곳에 하나님 나라를 세워가기 위한 실천적 목회방안이라고 말할 수
있다. 교회 건물 안에 모인 교인들을 중심으로 하는 기존의 목회 활동에
서 벗어나 목회의 영역을 교회 밖의 지역으로 확대하며 보다 적극적이
고 창의적인 목회 실천을 시도한다는 점에서 다양한 마을목회의 정의가
가능하다. 학자들의 정의를 살펴보면 다음과 같다.

---

7 위의 책, 24. 조사항목 44번 "마을목회에서 경험 여부."

- 류은정: "선교적 교회론의 교회와 선교의 이해를 가지고 목회의 범위를 교회 울타리에서 벗어나 교회가 위치하고 있는 마을과 주민 모두를 목회 대상으로 보고 목회하는 것"[8]

- 황홍렬: "목회자가 교회의 성도만이 목회의 대상이 아니라, 마을의 주민과 마을공동체 전체를 목회의 대상으로 삼아 마을의 회복과 성장을 위해 섬기고 돌보는 하나님의 선교를 통해 하나님 나라를 구현하는 것"[9]

- 성석환: "마을을 지리적 의미보다는 문화적 함의가 더 크다고 보면서 마을목회는 지리적이거나 공간적인 의미를 넘어 함께 더불어 살아가는 공동체적 삶의 복원을 지향하는 목회를 통칭"[10]

- 조용훈: "마을목회란 교회에 출석하는 교인들의 영혼 돌봄을 넘어 지역주민의 전인적 삶에 관심하고, 지역사회 발전에 참여하면서 지역과 함께 성장하는 교회를 목표로 하는 목회"[11]

- 유장춘: "마을목회는 마을을 교회화하는 것이 아니라 마을을 복음화하는 사역임을 강조하며, 복음이 교회에서 나와서(탈교회) 마을로 들어가고, 교리에서 나와서(탈교리) 주민들의 생업과 삶으로 들어가며, 종교에서 나와

---

8 류은정, "마을교육 공동체를 위한 지역교회의 역할," 『선교와 신학』 제44집(2018.2), 261.

9 강성열 외 6인, 『한국 교회의 미래와 마을목회』 (서울: 한들출판사, 2016), 159.

10 성석환, 『지역공동체와 함께 하는 교회의 새로운 도전들』, 175.

11 조용훈, "마을 공동체와 공동체 교회", 『마을목회개론』, 118.

서(탈종교) 구성원들의 성품과 관계 속으로 들어가는 것"[12]

- 노영상: "마을목회가 지역공동체인 마을 안에서 하나님 나라를 세우기 위한 하나님 나라운동임을 강조하며, 하나님의 진정한 사랑으로 마을을 품고 세상을 살리는 목회"[13]

종합해 보면, 마을목회는 지금까지의 전통적인 교회들의 교회 중심적 목회를 비판적으로 성찰하며, 교회 안의 사람들에게만 관심을 두지 않고, 교회 밖의 마을과 세상에까지 목회 영역을 확장하여 폐쇄적이고 배타적인 신앙 세계를 넘어 열린 세상을 지향하며, 교회와 마을이 하나의 유기체적 생명체로 긴밀하게 연결되어 있음을 인식하고, 상호 공동의 목표인 더 나은 삶과 미래를 위해 하나님 나라의 가치를 실현해 가는 목회라 할 수 있다.

3. 한국 교회 마을목회의 한계와 과제

앞에서 살펴보았듯이, 한국 교회의 마을목회에 대한 관심과 긍정적 평가, 그리고 성경적 근거들은 마을목회의 필요성과 정당성을 뒷받침한다. 그럼에도 불구하고 지금까지 지역의 교회들의 마을목회에 문제점과 부작용이 없는 것은 아니다. 여전히 많은 교회들이 마을목회를 하나의 성장 프로그램이나 교세확장의 도구로 인식하며, 지역과 함께 하는

---

12 한국기독교사회복지실천편, 『마을목회와 지역사회복지』 (2019).

13 노영상 외, 『마을목회개론』, 18-35.

교회로서의 사명과 역할은 상실한 채 마을을 대상화하고 주민들을 도구화하며, 목회자의 개인적인 야망이나 교회집단의 이기적 욕심을 위한 교회의 열심이 될 때가 많다.

이러한 자기중심적 선교이해는 서구의 기독교왕국(Christendom)의 패러다임에 영향을 받은 요인이 크다. 로마의 기독교 공인 이후에 보편화된 서구의 선교 패러다임은 교회가 선교의 주체가 되어 자기 안의 세계와 자기 밖의 세계를 이분하고, 교회의 사명을 문명인(로마인)이 비문명인(비로마인)을 개도하는 것을 인식하여 왔다. 이런 한국 교회의 교회중심적(기독교왕국적) 선교 패러다임은 서구의 선교사들에 의해 무의식적으로 받아들여졌으며, 한국 교회가 성장했던 중요한 모델로 인식되었다.[14] 하지만 이러한 패러다임은 이미 전세계적으로 비판받고 있으며 극복되어야 할 신앙관으로 보고 되고 있다. 따라서 마을목회가 한국 교회의 새롭고 근본적인 대안이 되기 위해서는 기존의 교회중심적 선교관과 이분법적 신앙관을 극복하고, 지금까지의 지역사회를 대하는 활동의 한계를 극복하기 위한 노력이 절실하다고 하겠다. 이 점에서 하나님의 선교(missio dei) 신학에 기초한 '선교적 교회론'에 주목할 필요가 있다. 마을목회가 한국 교회로 하여금 '다시 세상 속으로 들어가 거룩한 교회'(요 3:16-17)로서의 사명을 감당하기 위해서는, 지역의 교회들이 세상에서 행해지는 하나님의 선교에 참여하는 선교적 교회(missional church)가 되어야 할 것이다.

---

14 대한예수교장로회총회, 『제102회 총회주제해설집, 거룩한 교회, 다시 세상 속으로』, 22-23쪽.

마을목회의 이론적 근거로서 선교적 교회론

1. 선교적 교회론의 배경

기독교는 로마 황제 콘스탄티누스가 기독교를 공인했던 기원후 313년 이후, 더 이상 외부의 박애와 핍박을 받지 않으며 동시에 더 이상 복음을 전할 필요가 없게 된 기독교사회인 크리스텐돔(Christendom)의 시대를 맞이하게 되었다. 크리스텐돔에서는 세상을 두 가지 지역으로 구분하였는데, 그리스도인이 거주하고 통치하는 크리스텐돔과 이교도가 살고 있는 히텐돔(Heathendom)이다. 크리스텐돔 안에는 소수의 무슬림이나 유대인과 같은 이교도들이 있었음에도 교회는 직접적인 복음을 증거하는 대신에 경제적, 정치적 제약과 불이익을 주는 방식으로 개종을 유도할 뿐이었다.[15]

하지만 천 년 이상 지탱해 온 크리스텐돔은 18세기에 출현한 계몽주의와 더불어 붕괴의 조짐을 보이기 시작했다. 이같은 유럽사회의 변화를 누구보다 민감하게 감지한 사람이 영국의 선교사, 레슬리 뉴비긴(L. Newbigin)이었다. 그는 38년(1936-1974)간 남인도의 선교사 사역을 마치고 고국인 영국에 돌아왔을 때, 유럽 사회가 이전과 달리 이교도 사회로 변하였으며 선교현장은 더 이상 해외 다른 지역이 아닌 바로 유럽과 영국이라는 사실을 강조하며 강연과 저술활동을 통해 선교적 교회론에 대한 새로운 인식을 제공하였다.[16]

---

15 정승현, "크리스텐덤의 이해와 선교적 교회," 『선교신학』 제43집(2016), 196.

16 전광현, "선교적 교회의 마을목회 연구", 13.

뉴비긴의 선교학적 통찰은 유럽의 교회와는 같지 않지만 유사한 변화와 교회상황에 위기의식을 가지고 있던 북미 신학자들에게 큰 영향을 주었다. 뉴비긴에 의해 시작된 '복음과 우리 문화 네트워크'(GOCN)로 알려진 운동으로부터 영향을 받은 북미의 선교학자들은 그들의 교회상황에 대한 심각한 위기의식을 가지고 교회가 기독교사회 이후 어떻게 선교적으로 접근하며, 교회가 자신이 속한 사회를 향해 선교적 교회로 전환 될 수 있을까를 공동으로 연구하기 시작했다. 이들의 선교적 관점은 기존의 '하나님-교회-세상'의 교회중심의 패러다임에서 '하나님-세상-교회'로 바뀐 패러다임으로 요약되며, 교회는 그 중심적인 자리에서 밀려나게 되었고 이 변화로 인해 세상이 교회를 위한 의제를 결정한다는 생각이 생겨났다.[17]

2. 선교적 교회론의 주요 주제

1) 하나님의 선교(Missio Dei)

선교적 교회의 개념은 '하나님의 선교'(Missio Dei)라는 신학에서 출발하였다. 즉 선교의 주체가 교회가 아니라 삼위일체 하나님이시라는 개념이다. 이러한 개념은 콘스탄틴 대제가 기독교를 공인한(기원후 313년) 이후 19세기에 이르기까지 서구 기독교가 하나님 중심의 선교가

---

17 크레이그 밴 겔더, 드와이트 J. 샤일리 지음, 최동규 옮김, 『선교적 교회론의 동향과 발전』(서울: CLC, 2015), 72.

아니라 교회중심의 선교를 추진한 것에 대한 비판에서 시작되었다.[18] 그러나 이러한 교회중심적인 선교는 1, 2차 세계대전과 종교다원주의와 세속주의를 거치면서 퇴거되고 새로운 선교 패러다임이 등장하게 되었다. 거기에는 1952년 독일의 빌링겐에서 개최되었던 국제 선교 협의회(IMC)의 주요 의제를 결정하는 데 큰 공헌을 한 선교학자 칼 하르텐슈차인(Karl Hartenstein), 게로르그 휘체돔(Georg. F. Vicedom), 요한네스 호켄다이크(J. C. Hoekendijk), 핸드릭 크래머(Hendrick Kraemer), 데이비드 보쉬(David J. Bosch), 레슬리 뉴비긴(L. Newbigin)과 같은 선교학자들이 있었다. 이 대회에서 제시한 '하나님의 선교'의 개념은 선교이해에 대한 근본적인 전환을 가져왔다.[19]

'하나님의 선교'라는 용어는 칼 바르트(Karl Barth)의 하나님 중심의 신학에 영향을 받은 칼 하르텐슈타인에 의해서 처음 등장하였다. 그는 빌링겐에 대한 독일어 보고서에서 "신학적 각성"(*Theologische Besinnung*)이라는 글을 쓰면서 'Missio Dei'를 처음 사용하였다. 하르텐슈타인은 이 용어를 쓸 때, "선교란 단순히 개인의 회심이나 주님의 말씀을 향해 복종하는 것만을 뜻하지 않는다. 그것은 또한 공동체의 회집에 대한 의무만을 뜻하는 것이 아니라, 선교란 구원받은 전 피조물 위에 그리스도의 주권을 세우려는 포괄적인 목표를 가지고 아들의 보내심, 즉 하나님의 선교(*der Missio Dei*)에 참여하는 것이다"라고 진술하였다.[20] 그에 의하면, 하나님의 선교는 그분의 뜻과 행함에 근거하고 있으므로 삼

---

18 한국선교신학회, 『선교적 교회론과 한국 교회』 (서울: 대한기독교서회, 2015), 205쪽.

19 이승진, "선교적 교회론과 교회 갱신 방향," 『복음과 실천신학』 제30권(2014.2), 231쪽.

20 김은수, 『현대 선교의 흐름과 주제』 (서울: 대한기독교서회, 2018), 124쪽.

위일체 하나님 스스로 선교의 주체가 되신다는 의미이며, 동시에 선교란 복음을 세계 열방에게 그들 전체의 삶 영역 속에서 전하여 하나님의 뜻이 이루어지도록 하는 것이다. 결국 선교의 궁극적 목적은 교회의 확장이 아니라 하나님의 다스림을 확장하는 것이며 전 피조물 위에 그리스도의 주권을 세우려는 것이다. 교회는 이런 하나님의 선교의 도구일 뿐이고, 그분의 선교의 대리자일 뿐이다.[21]

2) 하나님의 나라(The Kingdom of God)

선교적 교회는 하나님 나라와 불가분의 관계에 있다. 선교적 교회는 삼위일체 하나님의 선교에 헌신하면서 하나님의 나라를 지향하는 모임인데, 하나님 나라는 단지 개인적인 구원을 넘어 정치, 경제, 사회, 문화 모든 분야에서 하나님의 온전하신 뜻을 실현하는 것이며, 성도에게는 주님의 기도하신 대로 "아버지의 뜻이 하늘에서와 같이 이 땅에서도 이루어지도록" 애쓰고 헌신하는 선교적 삶이 있어야 한다는 것이다. 만일 교회가 하나님 나라를 위해 존재하지 않고, 반대로 교회를 위해 '하나님을 조정'하려 할 때, 교회는 복음을 축소하고 선교를 교회의 프로그램 중의 하나로 간주하게 될 것이며, 이런 선교 방식은 복음뿐만 아니라 근본적으로는 전 세계에서 선교하시는 하나님(missionary God)을 축소하는 결과를 낳을 것이다. 교회에는 하나님의 선교와 하나님 나라를 조정할 권한이 없으며 교회가 할 수 있는 일은 오직 하나님의 선교에 동참함으로 하나님 나라를 위해 봉사하는 것이어야 한다.

---

21 한국선교신학회, 『선교적 교회론과 한국 교회』, 206쪽.

그러므로 하나님 나라와 분리하여 교회의 선교를 이해할 수 없다. 세상은 교회를 통해 하나님의 나라를 경험할 수 있기 때문이다. 그런 점에서 교회와 세상의 관계를 바로 이해하기 위해서는 세상의 이중적 특성을 이해해야 한다. 즉 하나님을 떠난 세상과 하나님의 회복의 대상으로 선교의 장을 구분하여 교회가 세상과 다른 성격에서 구분되지만, 동시에 교회는 하나님의 선교에 참여하도록 세상을 향해 나아가도록 부름받은 자들이다. 교회와 세상의 관계를 예수 그리스도 안에서 이해하도록 돕는 성경적 근거는 에베소서 1장 23절에 잘 나타난다.[22] "교회는 그의 몸이니 만물 안에서 만물을 충만하게 하시는 이의 충만함이니라"(엡 1:23)라는 말씀은 교회와 세상이 본질적으로 구분되지만, 예수 그리스도의 주권과 교회에 주어진 약속을 통하여 서로 각기 분리될 수 없음을 논증한다. 그리스도는 세상의 주권자이며 동시에 교회의 머리이시다. 이 사실은 교회와 세상이 서로 다른 특성을 가지고 있음에도 불구하고 그리스도로 인하여 서로 연결되어 있음을 보여준다. 만일 교회가 세상으로부터 등을 돌리고 교회 자신만을 위해 존재한다면, 그것은 이미 그리스도의 교회가 아니다. 교회는 존재론적으로 세상과 연결될 때만 그 존재 이유와 목적을 알 수 있기 때문이다.[23]

3) 성육신적 선교(Incarnational Mission)

선교적 교회의 근원적 모델은 "그는 근본 하나님의 본체시나 하나님

---

22 위의 책, 28쪽.

23 위의 책, 28쪽.

과 동등됨을 취할 것으로 여기지 아니하시고 자기를 낮추시고 죽기까지 복종"(빌 2:7-8)하신 예수 그리스도의 말씀과 사역에 있다. 개혁교회의 삼위일체 신학은 성자의 오심이 세상과 관계를 맺는 것이며, 세상을 변화시키는 하나님의 선교를 보여준다고 고백한다. 그래서 교회는 공적인 기관이며 선교적이어야 한다.[24] 그런 점에서 성육신(incarnation) 사건은 교회의 존재론적 성품과 태도를 가장 잘 드러낸 개념이라고 할 수 있다. 하나님이신 예수 그리스도께서 인간의 몸을 입고 이 세상에 오신 사건은 성도 개인을 위한 구원론의 근거가 되는 동시에, 교회와 그리스도인들이 어떤 삶을 살아야 하는지를 가르치는 사역론의 근거가 되기 때문이다.[25]

4) 공적 선교(Public Mission)

공적 신학은 기독교 신학 및 신앙을 사적(私的) 영역으로만 이해하지 않고, 공적인 차원으로 확대하여 우리 사회의 전반의 문제들을 다루고자 하는 신학적 시도라고 말할 수 있다. 성석환은 공적신학을 '공공신학'이라는 용어로 설명하는데, 말 그대로 "공공의 문제에 대해 신학이 응답하고자 하는 것"이라 정의한다. 공공신학은 기존의 교회의 입장을 설명하려는 '변증적' 목적의 전통적인 신학과는 달리, 신학 외부의 의견과 자료를 참고하며 더 나은 대안을 모색하는 공론장에 적극적으로 참

---

24 위의 책, 124.

25 최동규, "성육신의 관점에서 본 선교적 교회의 상황화," 『선교신학』 제42집(2016), 289.

여하려는 방법론을 말한다.[26] 부연하자면, 공공신학은 기독교가 공공 영역의 모든 사안에서 '공동의 선(the Common Good)'에 기여하려는 동기를 가지고 정치나 경제 영역뿐만 아니라 일상에 직결된 문제들에 대해 기독교의 입장으로 대안논의에 참여하고자 하는 시도이다. 공공신학의 주된 관심은 교회의 주도권을 도모하려는 것이 아니라, 다원사회에서 교회의 공적 영역에 책임감을 다하기 위해서다.[27]

3. 선교적 교회와 한국 교회

선교적 교회론의 관점에서 한국 교회는 무엇에 더욱 힘써야 하는가? 한 마디로, 한국 교회 안에 자리잡고 있는 교회와 세상을 둘로 나누는 이원론적 신앙관과 교회중심의 신앙관을 넘어, 선교의 현장을 교회 밖 세상으로 확장하여 '우리를 다른 곳이 아닌 교회가 속한 지역사회로 파송하신' 하나님의 거룩한 선교 명령에 응답하는 것이라 말할 수 있다. 이것을 위해 교회는 더 이상 '오는 구조'의 방식이 아닌 '가는 구조'의 선교방식으로, 또한 '끌어모으고 끄집어 내는' 방식이 아닌 '부르시고 보내시는' 하나님의 성육신적인 선교를 실천하며 교회 안의 영역에서뿐만 아니라, 교회 밖의 공적 영역에까지 책임있는 성찰과 행동이 필요하다.

그러나 여전히 한국 교회는 지역사회에 대한 이해가 부족하다. 지역사회가 어떻게 구성되어 있는지, 어떤 형태로 발전되어 왔고, 어떤 어려움과 문제를 가지고 있는지, 교회 밖의 정보와 경험이 충분치 않다. 막

---

26 성석환, 『지역공동체와 함께 하는 교회의 새로운 도전들』, 253.

27 위의 책, 123.

상 지역사회에 다가가려 해도 그 방법과 통로를 제대로 알지 못한다. 마을목회는 단순히 기존 사업의 연장선으로서 구제활동이나 봉사활동이 아니다. 마을목회는 마을 만들기, 사회적 기업, 지역사회 경제운동, 환경운동, 청소년 활동 등과 같이 지역사회와 함께 할 수 있는 영역의 전문성과 역량이 요구된다.[28] 그만큼 지역사회에 대한 이해와 지속적인 학습, 각 분야의 구체적 실천 경험들이 필요하다. 필자는 교회가 지역사회를 이해하는 데 가장 유용한 도구가 바로 '마을 만들기 운동'이라 생각한다. 마을 만들기 운동의 이해는 교회가 지역사회를 이해하는 첫걸음이 될 것이기 때문이다.

함께하는 마을목회로서의 '마을 만들기 운동[29]'

1. 마을 만들기 운동의 개념

마을만들기란 '일종의 주민자치 운동으로 마을이라는 공동의 장을 시민이 공동으로 만들어내는 작업'이라고 말할 수 있다.[30] 이런 점에서 마을 만들기 운동이란 물리적 공간인 마을을 하나의 의도적 공동체로 만들어가는 지역주민의 자발적인 생활운동으로서, 지역사회 형성, 동네

---

28 21세기교회연구소, "마을목회에 대한 목회자 인식조사 발표회," 23-24.

29 '마을 만들기 운동'은 그동안 '지역 만들기', '동네 가꾸기', '지역 공동체 운동', '마을 공동체 운동' 등과 같은 다양한 명칭으로 불리다가 전문가, 시민운동 및 주민들 사이에서 '마을 만들기 운동'으로 통일되었다. 본고에서는 '마을 만들기 운동'이라는 용어를 사용하기로 한다. 전광현 "선교적 교회의 마을목회 연구", 66.

30 위의 책, 74.

재생, 혹은 지역사회 개발이라는 다양한 이름으로 불린다. 대부분의 도시계획이나 재개발사업이 관과 기관의 주도로 위로부터의 운동을 의미한다면, 마을 만들기는 지역주민이 중심이 된다는 점에서 아래로부터의 자발적 운동을 의미한다.[31] 마을 만들기의 유형은 지역에 따라 도시형과 농촌형, 사업 목적에 따라 8가지 유형, 주체에 따라 정부주도형과 민간주도형으로 나눌 수 있다.[32]

2. 마을 만들기 운동과 마을목회

1) 마을 만들기 운동와 한국 교회의 역사

a. 일제강점기 기독교 운동: 예수촌운동, 기독교농촌연구회 등.

b. 해방 이후 기독교 운동: 기독교연합봉사회, 복음농민학교, 예수촌, 가나안복민운동 등.

c. 산업화 시대의 기독교 운동: 두레마을, 다일공동체, 원주밥상공동체, 안산이주민센터, 도시문제연구소, 도시산업선교 등.

d. 현대 사회에서의 기독교 운동: 문화사역운동, 민들레영토, 생명공동체 운동 등.

---

31 조용훈, 『마을공동체와 교회공동체』, 59.

32 마을 만들기 유형은 행안부, 『지역공동체의 이해』, 16 ; 정재영, "지역사회개발과 마을목회", 53-56 참고

2) 마을 만들기 운동과 교회의 역할

교회는 지역의 마을 만들기 운동에 중요한 참여자이자 협력자(파트너)가 될 수 있다. 그 이유는 첫째, 교회는 시민사회 내의 중요한 자원 결사체의 하나이며 개인의 극단적인 이기성을 제어할 수 있는 공동체의 권위를 가지고 있기 때문이고, 둘째, 교회가 가지고 있는 사회자본으로서의 문화자원 때문이다. 공동체 세우기가 지향하는 사회의 공공성 실현이라는 가치는 교회가 가지고 있는 핵심적 가르침이며 그 가능성은 누구도 부인할 수 없다. 셋째는 지역교회와 지역사회는 떼래야 뗄 수 없는 운명 공동체라는 사실 때문이다. 신학적으로 교회는 성격상 모두 지역교회이기도 하지만 사회학적으로는 지역사회에서 지방자치단체, 시민단체, 기업과 주민 등과 더불어 중요한 사회구성원이다. 그러므로 교회는 그 지역사회의 문제와 직, 간접적으로 연결되어 있다. 이런 점에서 교회는 지역사회 안에서 일어나는 사회문제에 대해 진지하게 다루고 그것을 해결하려고 노력해야 하는 책임과 의무를 가졌다.[33]

이런 점에서 마을 만들기 운동이 중요한 의의를 갖는다. 이전에는 주로 지역사회개발운동으로 지역사회 주민들의 문제를 해결하였다면, 이제는 공동체주의 운동이 활성화되면서, 지역 구성원들의 '참여'와 다양한 기관들의 '연대'가 강조되고 있다. 이런 공동체 운동에 대한 시대적 요청과 인식변화에 따라 교회 역시 다양한 지역사회 구성원들을 존중하며, 인격적인 관계 형성을 위해 힘쓸 뿐만 아니라, 기독교적 정신에 기초하여 더불어 사는 지역사회 공동체 운동에 적극적으로 참여해야 한

---

33 총회한국교회연구원 편, 『마을목회매뉴얼』 (서울: 한국장로교출판사, 2018), 53-55.

다.[34]

목회 실천계획

지금까지 한국 교회가 당면한 현실적 위기에 대한 극복방안으로 마을목회의 필요성과 그 개념, 그리고 이론적 근거로서 선교적 교회론과 마을 만들기 운동에 대한 이론적 배경을 정리하였다. 이제 이를 바탕으로 마을목회를 실천하기 위한 구체적인 전략과 단계적 계획수립의 과정을 살펴보고자 한다.

1. 단계설정

대한예수교 장로회(통합) 총회 산하의 연구기관인 '총회한국교회연구원'에서는 마을목회의 기본 매뉴얼을 제시한 바 있다.[35] 필자는 그것을 기본 틀거리로 삼아 각 지역 교회의 상황에 맞게 재설정해 보았다.

---

34 위의 책, 56.

35 총회한국교회연구원, 『마을목회 매뉴얼』(서울: 한국장로교출판사, 2018), 227-29.

기본 틀거리	지역 교회 매뉴얼	비고
1. 마을목회의 필요성에 대한 강의	1. 마을목회 설교 및 교육	
2. 전략기획팀 선발	2. 마을위원회 조직	
3. 전략기획팀 회의	3. 마을위원회 교육	
4. 교동협의회 발족		심화단계 시행
5. 기획과정 계획	4. 마을위원회 활동 계획	
6. 의견수렴 과정		'4. 마을위원회 활동 계획'과 병행
7. 핵심가치 설정		
8. 사명에 대한 진술		심화단계 시행
9. 목적 세우기		
	5. 교회와 마을의 만남	추가
10. 환경분석 (상황분석)	6. 교회-마을조사 (환경분석)	
11. 비전수립	7. 비전선언문 작성	
12. 발전목표 설정	8. 사업계획 수립	
13. 발전전략		12-15 단계를 한 단계로 통합
14. 세부 발전전략		
15. 상세한 사업계획(실행계획)		
16. 재정소요와 재정확보 계획		생략
17. 발전계획 달성 후의 미래상		생략
18. 돌발사태들에 대한 대비		생략
19. 이행	9. 이행	
20. 평가	10. 평가	
21. 차기 기획에 사용		생략

2. 실천 단계

1단계. 마을목회 설교 및 교육

2단계. 마을위원회 조직: '희망마을위원회'

3단계. 희망마을위원회 교육 및 회의

4단계. 희망마을위원회 활동계획

5단계. 교회와 마을의 만남

6단계. 교회-마을 조사(환경분석)

7단계. 비전 선언문 작성

8단계. 사업계획 수립

9단계. 이행

10단계. 평가

결론

본 글은 교회의 본질적인 소명의 근거가 되는 두 가지 이론적 배경으로, 신학적 관점에서 교회의 본질적 존재와 사명을 강조한 선교적 교회론과 사회적 관점에서 지역공동체 운동으로서 마을 만들기 운동을 살펴보았다. 이를 토대로 한국 교회의 대안적 목회방안으로서 마을목회의 가능성을 제시하였다. 그러나 마을목회가 한국 교회의 진정한 대안이 되기 위해서는 극복해야 할 산이 많다.

첫째, 마을목회의 초기단계에서 목회자의 '마중물 역할'이 중요하다. 마을목회의 이해가 부족한 교인들의 선두에 서서 새로운 목표와 비전을 지속적이고 일관되게 제시하며 선도적인 역할을 해야 한다. 단순히 이론과 이념으로 접근하기보다 목회자가 직접 발로 마을을 돌아다니며 주민과 소통하고 마을의 문제를 찾아 해결하고자 하는 열심을 통해 마을의 신뢰를 얻고, 구성원들의 참여를 유도해 내야 한다.

둘째, 마을목회의 핵심은 진정성에 있다. 아무리 교회가 좋은 뜻으로 행하는 일도 순수한 의도보다는 비판과 의심의 눈초리로 보는 사람들이 많다. 이를 극복하기 위해서는 무엇보다 진정성을 가지고 지역사회를 대하는 것이 중요하다. 그런 의미에서 마을목회의 시작과 끝은 마을과 교회의 상호 진정성에 있다고 해도 과언이 아니다. 진정성이 담보되지 않는 어떤 활동도 결코 성공할 수 없을 것이다.

셋째, 지속가능한 활동을 위해서는 주변 교회들 간의 연대(네트워크)와 협력체제를 구축해야 한다. 지역에 있는 여러 교회들의 다양한 자원과 역량을 지역사회를 위해 효과적으로 활용할 뿐만 아니라 지속가능한 활동을 유지해 나가기 위해서는 주변 교회들 간의 연합과 협력이 반드시 필요하다. 그러나 한편으로 마을목회의 비전을 함께 공유할 수 있는 교회와 목회자를 만나기가 쉽지 않다. 아직도 마을목회에 대해 접하지 못하거나 필요성을 느끼지 못하는 교회들이 많다. 지역 교회와의 연대와 협력은 쉬운 일은 아니지만, 마을목회를 장기적으로 지속가능하게 하는 훌륭한 버팀목이 될 것이다.

넷째, 마을목회는 긴 호흡이 필요한 목회이다. 마을목회는 단기간에 성과를 거둘 수 있는 목회가 아니다. 그래서 마을목회는 긴 안목과 긴 호흡이 필요하다. 서두르고 성급한 성과를 기다리기보다 교회의 본질적 존재와 사명에 주목해야 한다. 교회는 그가 속한 지역 안에 하나님의 나라를 구현하기 위해 부름받은 선교 공동체다. 명확한 소명의식과 확고한 목회철학 위에서 마을목회는 가능한 것임을 교회와 목회자는 잊지 말아야 할 것이다.

도시의 복음, 공동체로 말하다!

2부

실천:
공공의 영역으로 들어가는
선교적 교회

성남하모니포씨티
"조화로운 도시를 위한 공공신학적 상상력"

김상덕 교수

한신대학교

들어가는 말

일반적으로 음악의 세 요소는 멜로디, 리듬, 그리고 화성을 꼽는다. 화성(harmony)이란 "둘 이상의 음이 동시에 울리면서 생기는 화음의 연결되는 상태"를 의미한다.[1] 하지만 과거 그레고리안 성가나 민요처럼 화성이 없이 하나의 선율(멜로디)로 이뤄진 단성음악(單聲音樂, monody)도 존재했다. 단성음악에 대비되는 개념으로 다성음악(多聲音樂, polyphony)이 있다. 다성음악이란 말 그대로 "둘 또는 그 이상의 독립적 성부(聲部)를 동시에 노래하는 것"을 의미한다.[2] 엄밀히 말하자면, 화성은 음악의 필수요소는 아닐 수 있다. 그럼에도 불구하고 화성을 음악의 필수적인 요소로 꼽는 이유는 아름다운 음악이란 다양한 음계의 무질서한

---

1 두산백과사전, 〈화성〉 참조.
2 네이버 지식백과 『교회용어사전: 교회 일상』 〈다성음악〉 참조. 헨델의 "메시아"가 대표적인 예다.

공존이 아니라, 조화로운 음색을 내는 것이란 인식 때문일 것이다.

이 글의 제목에서 알 수 있듯이, 필자가 생각하는 도시를 위한 공공신학적 상상의 키워드는 바로 '조화로운 도시'다. 단성, 다성, 화성 세 종류의 음악 스타일을 은유적으로 확장시켜 적용해 본다면, 도시와 교회 사이에서 단성음악은 교회만의 사역이고, 다성음악은 교회와 시민사회의 독립적인 사역을 의미한다. 그리고 화성음악은 도시와 교회가 함께 조화를 이룰 때 가능하다. 단성적 교회는 교회의 고유한 정체성과 관련한 사역을 의미한다. 그렇다면, 다성적 교회와 화성적 교회는 어떤 차이를 갖는가? 다성적 교회 모델은 도시 속에서 교회와 도시가 각각의 역할을 감당하며 공존(共存)하는 상태를 비유한다면, 화성적 교회 모델은 교회와 도시가 더불어 함께 소통하고 협력하여 공생(共生)의 모습을 의미한다. 엄밀한 개념의 분류는 아니지만, 오늘날 도시를 살아가며 도시와 함께 공동선을 이루어가는 교회의 가능성에 대한 고민을 제안하기에는 충분한 개념일 것이다. 왜 지금 우리는 공존이 아닌 공생을 논해야 할까?

공공성 상실과 각자도생 사회

최근 한 설문조사 결과에 따르면 한국 교회의 호감도가 3대 종교(개신교, 가톨릭, 불교) 중에서 가장 낮은 수치를 기록했다.[3] 한국 사회에서 불

---

3   최승현, "한국 개신교 호감도 33.3점, 3대 종단 중 꼴찌", 「뉴스앤조이」 (2023.12.14.) https://www.newsnjoy.or.kr/news/articleView.html?idxno=305946 (2024. 1. 10. 접속).

교의 호감도는 52.5점, 가톨릭 51.3점에 비해, 개신교 호감도는 33.3점으로 큰 격차를 보인다. 이는 2020년부터 4년째 같은 결과이다. 흥미로운 점은 개신교인 응답자에게 한국 교회 호감도는 77.9점으로 '매우 긍정' 영역에 해당한다. 반면, 가톨릭 신자(27.7점), 불교 신자(24.8점)는 '부정적', 무종교인의 경우 20.2점으로 '매우 부정적'인 수치를 보였다. 한국 교회에 대한 인식이 교회 내부와 외부의 온도차가 매우 높다는 점을 알 수 있다. 이 간극은 어디서 비롯하며 어떻게 극복할 수 있을까? 두 가지 키워드 '공공성 상실'과 '각자도생'을 중심으로 생각해 보자.

1. 상실의 시대: 교회는 무엇을 잃었는가

한국 교회의 공공성 위기는 어제오늘만의 이야기는 아니다. 이 말은 두 가지 측면으로 해석될 수 있다. 하나는 한국 교회가 공적인 주제에 관심이 없었다는 의미이고, 다른 하나는 교회가 공공의 목적보다 교회의 이익을 더 우선시했다는 의미다. 먼저 한국 교회는 공적 이슈에 관심이 없었는가? 일반화하기는 어렵겠지만, 한국 교회는 전반적으로 공공성에 대한 위기의식과 사회적 책임의 필요성에 동의하고 있다. 2021년 〈기사연 조사〉에서 따르면, 개신교인 72.5%가 한국 사회에서 교회의 이미지가 부정적이라고 응답했다.[4] 이에 대한 해결책으로 교회가 '시대에 맞는 비전을 제시'해야 한다는 응답이 29.9%로 가장 높았고, '구제와

---

4 한국기독교사회문제연구원, 〈2021 주요 사회 현안에 대한 개신교인 인식조사〉 자료집 (http://jpic.org/survey/?mod=document&uid=1868) 참조. 이 결과는 코로나19 팬데믹이라는 특수한 상황 안에서 해석되어야 하지만, 재난 속 종교의 역할이 더 필요했던 시점에서 개신교인 스스로 내린 초라한 성적표다.

봉사의 강화' 19.9% 가 뒤를 이었다. 이밖에 '예배, 교육, 양육 등 기본 사역 강화'(14.8%), '비대면/온라인 신앙생활을 위한 시스템 확충'(14.3%), '개교회 중심주의' 극복(12.9%), 리더십(6.0%) 순으로 조사되었다. 이 결과에 대해 이민형은 "한 집단의 사회적 이미지는 그 집단의 대사회적 활동과 밀접한 연관이 있기에, 한국 사회가 가지고 있는 한국 교회의 이미지가 부정적인 이유는 한국 교회가 시대의 흐름을 따라가지 못하고, 구제와 봉사 등의 사회적 활동에 소극적이기 때문이라고 추론할 수 있다"고 그 의미를 분석했다.[5]

그런데 한국 교회가 구제와 봉사에 소홀했는가? 통계적으로 볼 때, 한국 교회는 국내 사회봉사에 가장 적극적으로 참여하고 있다. 기독교 의 사회봉사는 개인 차원에서 자원봉사 활동에 참여하는 부분과 종교법 인이 운영하는 종교사회복지시설, 그리고 그 외 방식으로 위탁운영하거나 미등록 사회복지시설 등으로 구분될 수 있다. 2018년 기준, 종교법인이 운영하는 종교사회복지시설은 전체 529곳이었으며 이중 기독교 사회복지시설은 259개, 불교 152개, 가톨릭 97개, 원불교 14개소 순으로 개신교가 가장 많았다.[6] 2020년 기준, 종교기관이 위탁운영하는 사회복지관은 총 348개소로 전체 73.4% 규모이다. 이 가운데 개신교가 운영하는 사회복지관은 201개소로, 불교(70개소), 가톨릭(64개소), 원불교(12개소), 대순진리회(1개소)와 큰 차이로 가장 많다.[7] 이런 경향은 사회

---

5   위 자료집, 57.

6   문화체육관광부, 2008/2018 〈한국인의 종교현황〉 참조 (최현종, "정부의 복지정책과 종교사회복지", 「Asia Journal of Religion and Society」 9 (2021), 25-50: 40-41에서 재인용).

7   한국사회복지관협회 https://kaswc.or.kr/welfarecenterguide 참조(최현종, "정부의 복지정책과 종교사회복지" 43-44 재인용).

복지사의 종교 비율에서도 잘 나타난다.

기독교의 사회봉사에 대한 국민들의 인식은 어떨까? 기윤실 〈기독교 신뢰도 조사〉에 따르면, 사회봉사 활동을 가장 적극적으로 하는 종교에 대해 개신교(36.2%)와 가톨릭(34.8%)이 가장 높게 나왔으며 이 수치는 불교(7.8%)와는 큰 차이를 보인다.[8] 국민 다수가 기독교(개신교)가 사회 복지 및 사회봉사 활동에 적극적이라고 생각한다. 그러나 같은 설문조사에서 기독교에 대한 신뢰도는 가톨릭과 불교에 비하여 가장 낮은 수치를 기록했다.[9] 이러한 결과에 대해, 조성돈 교수는, 이런 조사 결과를 보면 응답자들은 기독교가 봉사는 잘하고 있지만, 그렇다고 신뢰할 수 있는 것은 아니라고 분석한다.

> 한국 교회의 입장에서는 이 사회에서 얼마나 많은 봉사를 했느냐를 가지고 이를 물량화하여 "내가 이렇게 많이 섬겼소!"라고 거드름 피울 수 있을지 모르지만, 중요한 사실은 그것이 일반인들에게 와닿지 않는다는 사실이다. 한국 교회가 고민할 부분은 바로 이것이다. 우리가 하는 것에 비해 그에 비례한 평가를 받지 못하고 있다는 부분에 대한 대책이 필요하다. 한국 교회의 고민과 전략적 접근이 필요하다.[10]

옳은 말과 옳은 일을 하는 것은 중요하다. 그러나 그 일을 어떻게 하느냐도 못지않게 중요하다. 필자가 다성음악과 화성음악을 구분하고 이

---

8   기독교윤리실천운동, 〈2018 기독교 신뢰도 조사〉 참조.
    참고 사이트 https://cemk.org/10291/ (2024. 1. 10. 접속)
9   위의 글.
10 위의 글.

를 '공존'을 넘어 '공생'의 모델을 제안하는 이유도 이와 같은 맥락이다.

2. 각자도생이라는 말

언제부터인가 '각자도생'은 우리 사회를 상징하는 키워드처럼 사용되고 있다. 2019년 한 구직사이트는 올해의 사자성어로 '전전반측(輾轉反側)'과 '각자도생'(各自圖生)을 꼽았다. '전전반측'이란 '걱정이 많아 잠을 이루지 못했다'는 뜻으로 구직자들이 가장 많이 선택한 사자성어이다. 반면, 직장인들이 가장 많이 고른 사자성어는 '각자도생'이었으며, 자영업자는 온갖 애를 썼지만 이룬 것이 없다는 의미의 '노이무공'(노이무공)을 꼽았다. 상위 10개의 순위 중에서 긍정적인 의미의 사자성어는 '만사형통'과 '일취월장' 둘 뿐이었으며, 각각 9위, 10위를 기록했다.[11] 참으로 고단한 삶의 현장이고, 미래에 대한 전망도 암울한 시대다.

각자도생은 '각자가 스스로 제 살길을 찾는다'는 의미로 대중매체에서도 "나만 아니면 돼"를 외치며 타인에게 무관심하고 이기적인 행동을 희화할 때 사용된다. 흥미로운 점은 '각자도생'의 유래는 중국이 아니라 우리나라에서 비롯했다는 점이다. 이 표현은 임진왜란 시기에 조선왕조실록에서 처음 발견된 것을 그 유래로 한다.[12] 이렇게 놓고 보니, 마음이 무거워진다. 각자도생의 유래가 외세의 침략으로 인해 나라(공동체)가 백성(개인)의 안위를 더 이상 책임질 수 없었던 역사적 상황과 무관하

---

11 김준억, "올해의 사자성어…구직자 '전전반측'·직장인 '각자도생'", 연합뉴스 (2019. 12.9.) https://www.yna.co.kr/view/AKR20191209021400003 (2024. 1. 15. 접속).

12 네이버 지식백과 〈각자도생〉 참조. 중국에서는 사용하지 않는 표현이다.

지 않기 때문이다. '각자도생'을 하나의 사회현상으로 보는 시선에는 우리 사회가 'IMF 외환위기' 이후 신자유주의 체제 속 무한경쟁주의와 연결된다는 문제의식이 자리한다.[13]

한국 교회의 처한 상황도 크게 다르지 않아 보인다. 교단이나 연합체의 이름으로 묶인 '명목상의 공동체'가 존재하지만 애초에 서로를 돌아보는 공동체로서의 기능은 작동을 멈춘 듯 보인다.[14] 대형교회와 작은 교회의 상황은 너무 다르고 그 간극은 너무 멀어서 서로를 살피고 돌보기 어렵다. 공동체란 살아있는 유기체적 연결망과 같다. 그런데 서로에게 보내는 시냅스가 끊어져 몸이 기능이 정상 작동하지 않는다. 미로슬라브 볼프가 광장 속 교회의 공공성 상실의 신호를 교회의 제 기능이 멈추고 역기능이 나타나는 것이라고 지적한 통찰[15]은 오늘 교회가 그리스도의 한 몸으로서 서로를 돌보기를 멈추고, 각기 살 길을 찾으려고, 머리이신 그리스도의 말씀에 순종하지 않는 모습과 맞닿아있다.

우리가 공공신학에 필요성을 논하는 이유는 개교회주의를 극복하고 세상과 다른 대안공동체로서의 모습을 보여주는 모습도 중요하지만, 한 걸음 더 나아가 어떻게 하면 교회가 사회와 함께 공존/공생할 것인가 하는 까닭이다. 만약 주변에 이웃들이 여러 문제로 힘들어 하는데, 교회'만' 잘 사는 것이 우리의 고민의 전부라면 어떻겠는가? 이웃을 돌보

---

13 예를 들어, 전영수는 '각자도생'을 저성장·고위험 사회를 지나는 청년 세대의 필수 생존전략으로 분석한다. '각자도생 세대'는 서로를 향한 어설픈 책임감을 벗어나 자기 스스로를 돌보는 주체로서의 개인을 강조한다. 전영수, 『각자도생 사회』(서울: 블랙피쉬, 2020) 참조.

14 개교회주의와 관련해서는 필자의 글, 김상덕, "공교회성," 「복음과 상황」을 참조하라.

15 미로슬라브 볼프, 『광장에 선 기독교』(서울: IVP, 2014) 참조.

지 않는 교회, 하나님'만' 사랑하고 이웃은 하나님'만큼' 사랑하지 않는 것 아닌가? 교회의 선교적 목적 자체가 교회만 잘 살겠다고 혹은 교회부터 잘해야 한다는 논의 자체가 어불성설이다.

교회 안의 이런 생각은 시대와 시조의 흐름에 따라 영향을 받았다. 과거 한국 교회는 세속 사회로부터 일정한 거리를 두고 교회 '안'의 '영적인 거룩함'을 지키는 것을 교회의 목적으로 이해했다. 한국 경제가 발전함에 따라, 교회도 자연스레 성장하던 시기에는 교회의 성장이 가장 우선적인 목적으로 여기던 시기가 있었다. 당시 한국 사회의 정치적 상황은 엄혹한 시기였으나, 교회 '안'의 성장이 우선시되던 시기가 있었음을 반성하게 된다. 반면에, 어느 즈음부터 한국 사회는 심각한 양극화와 저성장 시대로 전환하면서 개인의 생존이 가장 큰 이슈가 된 '각자도생' 사회가 되었다. 이 말은 단지 나만 생각하는 이기심이 문제가 아니다. 진짜 문제는 더 이상 국가나 공동체가 나의 안위와 행복을 책임져 주지 않을 것이라는 불신에 있다. 이는 공동체적 가치나 삶의 방식에 대한 불신, 즉 '공동체의 상실'이다. 이는 도시라는 공동체를 살아가는 우리에게 실존적인 위기로 다가온다.

도시공동체 속 공공신학적 비전: 공공성과 공동체성의 회복

우리가 살아가는 도시는 건물이나 회사나 사업장만을 위한 곳이 아니다. 도시는 현대인이 살아가는 삶의 터전이고 공동체 그 자체다. 공동체는 살아있는 유기체적인 공간이다. 유기체적 공동체란 서로가 연결되어 있다는 말이고 영향을 주고받는다는 의미다. 신체의 한 부분이 아프면 다른 부위도 아프다. 심장병만 병이 아니라 발가락 무좀도 병이다.

이 부분을 간과하면 온몸이 제대로 작동하지 않는다. 신체 일부 중 중요하지 않은 부위가 없으며 고루 아끼며 돌봐야 한다. 도시가 유기체적 공동체라면 서로를 돌보는 것이 중요하다. 교회도 그러하다. 이제는 세속도시와 거리를 두고 우리만의 경건(?)을 유지하거나, 교회만의 사역과 성장에만 열심을 낼 때도 아니다. 그보다는 도시에 사는 구성원을 서로 돌보며 더불어 함께 살아갈 수 있기를 궁리하는 것, 자본에 의해 파편화된 개인을 공동체로 묶이기를 힘쓰는 것, 그렇게 함께 살아가는 가치가 여전히 유효함을 몸으로 보여주는 것, 이것이 필자가 생각하는 각자도생 시대의 공공신학적 전망이다.

공존을 넘어 공생으로, 유기적 도시공동체를 위한 공공신학적 가능성을 네 가지 논점을 중심으로 생각해 보려고 한다. 이와 관련해서, 최근에 한국에 번역 소개된 영국의 공공신학자 일레인 그레이엄과 스티븐 로우의 『무엇이 좋은 도시를 만드는가』(비아토르, 2023)가 좋은 대화 파트너가 될 것이다.[16]

1. 시민인가 제자인가

가장 먼저 생각해 볼 것은 오늘날 한국 사회 속 교회와의 관계이다.

---

16 일레인 그레이엄, 스티븐 로우/이민희 옮김, 『무엇이 좋은 도시를 만드는가』 (서울: 새물결플러스, 2023). 일레인 그레이엄은 영국 도시 신학과 공공신학 분야에서 가장 활발하게 활동하는 연구자이다. 그녀는 영국 체스터 대학교의 그로브너 실천신학 연구 교수로 재직 중이다. 스티븐 로우는 영국 성공회의 도시 선교와 산업 선교를 대표하는 목회자 중 한 사람으로, '도시 생활과 신앙 위원회(Commission for Urban Life and Faith, UCLF)'의 총책임자로서 〈신앙의 도시들〉 보고서가 나오는 데 핵심적인 역할을 맡았다.

'교회는 세속 사회와 어떤 관계를 유지해야 하는 것일까?'라는 질문은 오래된 질문이다. 리처드 니버가 다섯 가지 유형으로 그리스도와 문화로 각각 상징되는 교회와 국가 혹은 교회와 문화와의 관계를 기독교 역사 안에서 구분해 놓았다. 이 책의 공헌은 크게 두 가지로 요약될 수 있다. 하나는 기독교 역사 속에서 다섯 가지 유형이 모두 발견된다는 점이고, 다른 하나는 (니버가 생각하는) 좋은 교회란, 문화와 분리되는 이분법적 태도를 지양하고 구별된 그리스도인으로서 현실을 변혁시켜나가야 한다는 것이다. 니버의 주장을 현실도피적인, 비이성적인, 혹은 지나치게 교조주의적인 신앙에 대한 비판으로서는 타당하다.

그러나 동시에, 니버의 주장이 설득력을 얻으려면 교회가 제기능을 잘 발휘해야만 가능하다. 그런데 오늘날, 적어도 한국 교회의 모습은, 앞서 살펴본 기독교의 부정적 이미지 등을 고려할 때, '교회가 교회답지 못하다'는 것이 가장 큰 문제처럼 여겨지는 것도 사실이다. 다시 말해, 교회가 현실과 너무 타협하는 것이 문제의 본질로 보는 시선도 가능하다. 예를 들어, 그레이엄 워드나 제임스 헌터 등은 다원화된 상황에서 기독교의 도전은 기독교 교유의 서사와 정체성의 상실에 있다고 보며, 세속 사회에서 교회의 새로운 전략은 '신실한 현존'(faithful presence)에 있다고 주장한다.[17]

공공신학 논의에 있어서 가장 핵심 중 하나는 그리스도인의 정체성을 어떻게 이해할 것인가에 있다. 그리스도인은 세속 사회의 시민인가,

---

17 Graham Ward, *Christ and Culture* (Malden, MA: Blackwell Publishing, 2005); 제임스 헌터/배덕만 옮김, 『기독교는 세상을 어떻게 변화시키는가』 (서울: 새물결플러스, 2017).

아니면 그리스도를 따르는 제자인가하는 질문이다. 흔히 공공신학을 비판적으로 바라보는 시선에는 (1) 공공신학이 국가나 자본주의 등의 지배 세력에 타협적이라거나 (2) 공공신학이 무엇인지 논의에 함몰한 채 구체적이고 구별된 실천력이 부족하다는 비판이 존재한다.[18] 그레이엄과 로우는 근대사회의 실패를 지나친 정치적 자유주의와 세속화 때문으로 여기고, 이에 대한 대안으로서 '교회적' 신학과 교회의 '신성함'의 회복을 강조하는 급진정통주의 신학을 비중 있게 소개한다. 한 마디로 이 시대의 교회는 더욱 교회다워야 하며, 그리스도인은 더욱 제자다워야 한다는 것이다.

이런 주장의 취지나 배경은 이해할 수 있지만, 그렇다고 우리의 논의가 시민으로서의 정체성을 버리는 것으로 오해해서는 안 된다. 많은 사람들이 정답처럼 알고 있듯이, 아우구스티누스는 『하나님의 도성』에서 그리스도인의 정체성을 두 도시에 모두 속한 '이중적 시민권'으로 설명한다. 이 개념은 두 도시가 분리된 것이 아니라 한 세계 안에서 이루어지고 있는 것으로 보아야 하며, 이 정체성은 우리에게 주어진 '지금 그리고 아직은 아닌' 상황에서 하나님의 구속의 역사에 참여하라는 선교적 소명과도 같은 것이다.[19] 아우구스티누스를 공공신학적 관점에서 연구한 찰스 매튜스(Charles Mathewes)는 창조 세계의 선함과 회복의 과정속에서 죄를 은혜로부터의 단절로 이해하고, 그 결과로써 발생하는 수많은 결핍을 회복하는 일이 곧 '공공성' 회복이라고 말한다.[20] 이는 단지

---

18 그레이엄 & 로우, 『무엇이 좋은 도시를 만드는가』, 68-69.

19 위의 책. 83.

20 위의 책. 82-83.

인류뿐 아니라 동물과 자연 세계를 포함하는 일이다. 따라서, 공공성 회복은 곧 하나님의 선교적 사명에 동참하는 가장 교회다운 일인 것이다.

그리스도인 시민인가, 제자인가에 대한 현명한 답은 우리는 시민이면서 동시에 제자로서 살아가며, 그 긴장 속에서 우선순위를 살아가는 것이라고 할 수 있다. 그것이 때론 모호하고 불확실한 것처럼 보여도 그 긴장 사이의 균형감을 잃는 순간, 또 다른 문제가 부각 될 우려가 있기 때문이다. 특히나 한국 사회에서 한국 교회는 왜곡된 형태의 '교회다움'과 '제자도'를 강조한 것은 아닌지 돌아보아야 한다. 코로나19 방역 위기 속에서 이웃의 건강과 공동체의 안위, 국가의 방역 정책이라는 공동의 선을 위한 노력과는 역행하여, 교회만의, 자신의 신앙만을 강조한 나머지 '비이성적'이고 '독선적'이며 '배타적인', '거리를 두고 싶은' 이미지의 낙인이 대중들의 인식에 새겨지고 말았다.[21]

확실히 신실한 그리스도인, 교회를 사랑하는 사람일수록, 또 교회가 이 세상의 희망이 될 수 있다고 믿을수록, 그 지향점이 교회의 전통과 정체성을 강조하는 방향에 매료될 가능성이 높다. 하지만 그리스도인은 시민인가 제자인가라는 우문에 어느 것 하나를 선택하려는 성급함은 뒤로 미루는 것이 오늘 한국 사회에서의 현명한 자세일 것이다. 그레이엄과 로우는 이런 선택이 자칫 "교회가 공공 영역에서 어떻게든 마련해 놓은 발판을 잃어버리는 것"이라고 주장한다.[22] 왜냐하면 교회와 세속 사이의 경계는 분명하지 않으며, 교회는 다양한 구성원들과 여러 갈래로

---

21 이와 관련하여서는 필자의 글, 김상덕, "코로나19 팬데믹과 공공성, 그리고 한국 교회", 「신학과 실천」 76(2021), 797-817을 참조하라.

22 그레이엄 & 로우, 『무엇이 좋은 도시를 만드는가』, 78.

연결되어 있으며, 교회 스스로 결정할 수 있는 일이 많지 않기 때문이다. 비록 영국의 사례이긴 하나, 영국의 종교사회학자들이 오늘날 다시 종교에 관심을 두는 이유는 그리스도인과 일반 사람들 사이에서 발견되는 '중첩된 유사성' 때문이다.

> … 사람들은 매일 세속적인 소명과 타협하며 제자도를 실천한다는 그리스도인의 책임의 현실이 반영되어 있다. 사람들은 사회복지사, 학교 운영위원, 기업가, 경찰관으로서 세상을 살아가는 그들의 삶과 그리스도인으로의 부르심을 분리할 수 없다. 이러한 점에서, 어떤 의미에서든 자신을 둘러싼 환경을 벗어나는 순수한 '그리스도의 증인'이란 없다.[23]

교회의 교회다움과 그리스도인의 제자로서의 삶을 강조하는 것이 문제라는 뜻이 아니다. 다만 그것이 우리가 사는 도시라는 복잡한 현실과 동떨어진 것이 되어서는 안 된다는 말이다. 한국 교회는 그동안 지나치게 교회'만'을 생각했으며 교회 바깥의 현실에 무지했고 무관심했다. 아무리 교회'만'의 봉사를 많이 한다고 해도 그것만으로는 부족하다. 특히나 도시의 삶이란 여러 계층의 사람들이 여러 가지 층위의 고민들로 복잡하게 얽히고설켜 있다. 이에 대한 대답을 '교회다움'만을 강조하는 태도는 부적절하며, 두 긴장 속에서 현실을 살아가는 그리스도인들의 쟁투를 간과하는 것일 수 있다. 그렇다면 다음 질문은 시민과 제자로서의 긴장 속에서 어떻게 유기체적인 도시 공동체로서의 삶을 살아낼 수 있는가에 있다.

---

23 위의 책. 78-79.

2. 공동의 언어가 필요하다

대다수의 공공신학자들은 '공공성과 공동체성', '시민과 제자'로서의 긴장 속의 균형을 유지하기 위해서는 교회의 언어와 세속의 언어를 함께 사용할 수 있어야 한다고 강조한다(임성빈 2017; 성석환 2019; 김창환 2021; 김승환 2021; 김민석 2021).[24] 양권석은 그레이엄과 로우의 책 추천사에서 공공신학의 언어 및 매체에 대한 특별한 관심과 그 의미를 윌리엄 템플 주교의 '중간 공리'(middle axiom) 개념으로 다시 설명한다.

> 기본적인 정신은 신앙에 확고하게 기초와 뿌리를 두면서도, 다양한 다른 종교와 사회 계층 집단들의 참여를 방해하지 않는 언어와 사회 참여 방법을 찾아야 한다는 것이다. 교회가 다양한 목소리들이 만나는 공간이 되기 위해서는, 교회의 언어가 훨씬 더 개방적이고 대화적이 되어야 한다는 주장이다.[25]

교회의 언어가 더 개방적이고 대화적이 되어야 한다는 말은 읽는 이의 상황과 당면 과제에 따라 그 정도나 수용의 방식이 달라질 수 있다. 하지만 그 강조점은 동일하게 분명하다. 교회의 언어(사고, 관점, 논거, 이해)를 벗어나서 다양한 사람의 언어(사고, 관점, 논거, 이해)에 귀를 기울여

---

24 임성빈, 『21세기 한국사회와 공공신학』 (서울: 장로회신학대학교출판부, 2017); 성석환, 『공공신학과 한국사회』 (서울: 새물결플러스, 2019); 김창환, 『공공신학과 교회』 (서울, 대한기독교서회, 2021); 김승환, 『도시를 어떻게 구원할 것인가』 (서울: 새물결플러스, 2021); 김민석, "하인리히 베드포드-슈트롬이 제시한 공공신학의 특징", 「한국조직신학논총」 63 (2021), 37-75.

25 그레이엄 & 로우, 『무엇이 좋은 도시를 만드는가』, 19.

야 한다는 뜻이다.

　김창환(2021)은 공공신학의 중요한 방법론을 "공동의 선을 위한 열린 대화와 비평적 의견 수렴"이라고 본다.[26] 공공신학은 "공적인 문제에 신학적인 해결을 추구하고", "다양한 공동체와 세속적인 학문의 교류를 통해서 합의점을 찾는 신학"이다. 따라서 공공신학은 "교회, 신앙 공동체 및 더 넓은 사회와 상호작용"하는 소통의 과정을 갖는다.[27] 이와 관련하여, 남아공의 대표적인 공공신학자 존 드 그루시(John de Gruchy)는 성숙한 공공신학적 방법론을 위하여 일곱 가지의 핵심 원리를 제안한다.[28]

1. 공동선을 위한 공적 증거: 그리스도교를 우선시하는 것이 아니라 그리스도인들이 공동의 선을 위해 중요하다고 믿는 가치들을 공적으로 증거하려고 해야 한다.

2. 설득력 있는 공통의 언어: 그리스도교 전통에 익숙하지 않은 사람들이 접근할 수 있고 그 자체로 설득력 있는 공통의 언어의 개발을 요구한다. 이러한 언어는 또한 공적 토론을 할 때 신앙의 전통과 관련된 언어이며 그리스도교 회중에게도 이해되는 언어여야 한다.

3. 전문적인 분석과 신학적 비평: 공공 정책 및 문제에 대한 정보에 입각한 지식을 요구하고, 문제의 기본을 파악하고, 이에 대한 예리한 분석적 평가와 신학적 비평을 포함해야 한다.

26　김창환, 『공공신학과 교회』, 50.

27　위의 책. 43-44.

28　위의 책. 45. 이 논의를 이해하는 데 유용하다고 판단되어 소개한다.

4. 다학제적 방법론: 다양한 학문과의 융합적인 방법으로 발전시켜야 하며 추구하는 신학의 내용과 과정이 서로 깊이 연결되어 있는 방법론을 사용해야 한다.

5. 약자 중심의 예언자적 전통: 상황에 의한 피해자와 생존자의 관점과 정의 회복에 우선순위를 부여한다. 그것은 권력자에 대항하여 약자들의 편에 서고, 성서의 예언자적 전통에 영감을 얻어 권세에 대항해서 진리를 말하는 것이다.

6. 글로컬 예배 공동체: 성서적, 신학적 성찰을 통해 의식적으로 양육되고 정보를 소유할 뿐 아니라, 그들이 위치하는 컨텍스트와 관련하여 자신의 지엽적인 관심 뿐 아니라 넓은 지경을 또한 염두에 두며 예배의 풍요로운 생활을 공유하는 신앙의 공동체를 필요로 한다.

7. 인류의 풍요와 생명을 추구하는 영성: 정의와 온전성을 추구하는 한편 인류의 풍요로운 삶을 대적하는 권세에 대한 저항을 통해 사람과 창조물과 함께 하나님의 생생한 체험을 가능하게 하는 영성이 필요하다.[29]

교회의 공적 참여의 방법론에 관해서도 크게 두 가지로 나뉠 수 있다. 먼저 "그리스도교만이 가지고 있는 독특한 개념을 가지고 공적 토론에 참여하는" 방법과, 다른 하나는 "공공 영역에서 공통으로 대화할 수 있는 영역을 발전시켜서 공적 철학(public philosophy)과 같은 개념을 도입하고 공적인 언어를 사용하여 의견을 나누는 방법"이 있을 수 있다.[30]

---

29 John de Grucy, "Public Theology as Christian Witness: Exploring the Genre," *International Journal of Public Theology 1* (2007), 26-41 (위의 책. 45 재인용).

30 위의 책.

두 방법론 모두 중요하지만, 필자는 한국의 상황에서는 무엇보다 공동의 선을 위하여 공통의 언어를 사용할 수 있어야 하고, 문제 해결을 위한 전문적인 분석과 신학적 비판이 중요하다고 본다. 그렇다면 어떻게 해야 할까?

필자의 생각은 공공의 영역을 다원화하고 세분화할 필요가 있다. 과거 기독교는 교회와 국가를 이분법으로 구분하여 대항하거나 전복하려고 했었지만, 사회가 다원화되고 복잡해짐에 따라 그러한 생각은 무모한 자신감이며 나태한 아마추어리즘과 같을 때가 많아지고 있다. 따라서, 교회는 다양한 분야의 전문성을 존중해야 한다(다른 말로, 목사가 다 할수 있다는 생각을 버려야 된다!). 그렇다면 교회는 누구와 열린 태도로 대화해야 하는 걸까? 이 말은 우리 사회의 가치와 정책을 결정하는 공론장과 그 구성원에 대한 이해가 필요하다. 김창환은 공공신학 담론의 구성원이 누구인가에 대한 구체적이고 포괄적인 이해가 필요하다고 말한다. 그는 공론장에 대한 이해가 점차 확대될 필요성을 말하면서, 오늘날 공론장에 참여하는 주요 그룹을 정계, 재계, 학계, 미디어, 시민사회, 종교적 공동체 등 여섯 그룹으로 구분한다.[31]

이 가운데 글의 주제와 긴밀한 관련을 가진 두 그룹(시민사회와 종교단체)에 대하여 살펴보자. 먼저 시민사회는 "모든 NGO, 지역 공동체, 다양한 이익단체 및 특정한 이슈를 위한 지지운동과 캠페인을 포함"하며, 시민사회의 주요 기능은 "공공권에서 이러한 단체의 공헌을 향상시키

---

31 위의 책. 37-40. 과거에는 공공 영역의 의사결정 과정에 참여했던 집단을 정부 집단과 비정부-민간 단체로 크게 두 부분으로 분류했다. 근래에 들어서는 이 영역을 다분화/세분화하는 경향이 있다.

고 또한 공공의 문제를 해결하기 위한 압력단체로 활동"하고 "투명성과 공정성을 추구한다"고 설명한다. 또한 종교적 공동체는 "주로 제도화된 종교 및 종교적 체제로 형성되지만 다양한 형태의 개인의 영성을 가진 다수의 사람"도 포함된다. 종교적 공동체의 역할은 주로 "사회적 보살핌과 복지에 공헌"하는 것이며, 이와 함께 "인간의 일상생활을 위한 종교적, 도덕적 및 윤리적 토대를 제공하는 것"이라고 설명한다.[32]

3. 공간과 장소의 신학

도시 신학이란 정해진 이론이나 지식으로서의 학문이 아니라 주어진 상황에 반응하는 '행함의 신학'(doing theology)이다. 도시라는 삶의 현장에 많은 사람들이 여러 가지 이해관계에 얽혀 살아가고 있으며, 이 가운데 발생하는 결핍과 돌봄의 필요는 상황마다 상이하고 다양하다. 이와 관련하여, 일레인 그레이엄과 스티븐 로우는 도시 신학이 '공간과 장소의 신학'이 되어야 한다고 말한다. 이는 도시에 관한 신학적 성찰만을 의미하는 것이 아니다. 공공신학으로서 도시 신학은 도시에 대한 총체적이고 통합적인 접근을 의미한다. 도시가 유기체라고 할 때 그 의미는 도시를 구성하는 몸/신체가 있다는 의미이고 또한 몸을 움직이는 정신이 존재한다는 것을 포함한다. 앙리 르페브르는 "모든 사회관계는 구체적으로 표현되고 생활공간에 물질적이고 상징적으로 새겨지기 전까지는, 추상적이고 실현되지 않은 상태로 남아있다"고 하였다.[33] '장

---

32 위의 책. 39.

33 Edward Soja, "Writing the City Spiritually," *City* 7 (2003), 269-281; 279 (그레이

소'(place)는 사회관계의 '공간'(space)이기 때문이다. 우리는 우리가 사는 장소에 그저 거주하는 것이 아니라 의미를 부여하며 살아간다. 에든버러대학 지리학 교수인 팀 크레스웰(Tim Cresswell)은 장소의 이런 특징을 다음과 같이 설명한다.

> 우리는 기하학적 공간 관계라는 추상적인 틀에 살지 않고, 의미의 세계에 산다. 이는 전적으로 물질적이지도 않고 정신적이지도 않은 장소들에 둘러싸여 있는 동시에 장소 안에 존재한다.[34]

그레이엄과 로우가 말하는 공간과 장소의 신학이란 도시에 대한 총체적인 접근의 필요성과 물질적이고 정신적인 상호작용까지 이해할 수 있는 해석의 역량을 요구하는 것이다.

> 우리가 육체로 살아가는 존재로서 도시 공간과 장소에 거주하는 방식, 도시 계획가, 설계자, 정책 입안자가 도시 공간 구성 간 관계를 공공 공간과 사적 공간, 부유와 빈곤의 공간으로 이해하는 방식에 주목하는 일은 우리 도시들의 본질을 '해독하는' 법을 배우는 데 매우 중요하다.[35]

이 해독의 작업을 위해, 모두의 지혜가 필요하다. 그레이엄과 로우는 도시 지리학자, 건축가, 도시 디자이너, 유엔 보고서의 분석과 함께 목

엄&로우, 『무엇이 좋은 도시를 만드는가』, 136 재인용).

34   Tim Cresswell, *In Place/Out of Place* (Minneapolis, MN: University of Minnesota Press, 1996), 13 (위의 책. 재인용).

35   위의 책. 137.

회자, 신학자, 영성가 등의 지혜와 통찰에 모두 귀를 기울인다.[36]

여기서 한 걸음 더 나아가, 도시에 대한 거시적 차원의 접근이 필요하다. 그레이엄과 로우는 오늘날 도시의 양극화와 불평등 문제에 집중한다. 이는 단순히 가난하고 약자를 돕는 방식의 접근으로는 부족하다. 미시적 차원의 봉사와 함께, 자본에 물들어가는 도시에 저항하며, 구체적으로는 법과 체계의 변화를 도모하는 차원으로 이어질 필요가 있다. 이를 위해서는 장기적 관점의 안목과 전략, 조직과 자금, 그리고 실천이 필요할 것이다. 여기서 교회 공동체는 도시 안에 살면서 자본의 길과는 구별된 대안적 삶이 가능함을 보여줄 수 있는 가능성이 존재한다. 두 저자는 비로소 성서의 전통처럼 교회가 성령으로 충만할 때, 자기의 것을 내어주고, 서로를 돌보아 주었던 교회다움을 강조한다. 필자는 이것이 단지 도시 안에 따로 존재하며 각자의 삶을 사는 방식으로서의 '공존'을 넘어, 하나의 유기체로서 함께 살아가며 서로를 보듬어 주는 공생체(共生體)로서의 모델이라고 생각한다.

공존의 모델을 찾아서:
성남 하모니포씨티(Harmony for City) 사례

유기체적 도시공동체와 공생체 담론은 매우 거창해 보인다. 공동선을 추구한다는 것도 그러하다. 공공신학은 결국 실천신학인 이유가 여기에 있다. 감사하게도, 성남 하모니포씨티(Harmony for City) 사례는 앞서 나누었던 우리의 생각에 뼈와 살을 입히고 하나의 작은 몸이 되어준다.

---

36 위의 책. 138-163.

1. 교회 중심에서, 지역사회 중심으로

하모니포씨티(이사장 김영신, 상임대표 허대광)는 2014년 '틴하모니'라는 이름으로 시작되었으며 현재는 틴하모니 음악원, 틴하모니 인터내셔널, 틴하모니 상담센터, 따뜻한 밥차, 성음아트센터 등을 운영하고 있으며, 2024년부터는 성남시 그룹청소년 대상의 부메랑 F.C. 사업을 시작한다. 하모니포씨티의 첫 시작은 아이들이 '나' 자신을 음악으로 표현할 수 있도록 돕기 위한 사역으로 시작되었다. 그 배경에는 교회 중심의 사역을 벗어나 마을과 지역을 섬기기 위함이었다. 도시공동체연구소 그리고 한국선교적교회네트워크(MCNK)와의 만남에서 비롯된 '선교적 교회'의 비전에 따른 결단이고 실천이었다. 예배당을 이전해야 하는 기로에서 교회로 사람들을 모으는 전통적인 교회가 아니라, 지역사회와의 접점을 찾아 흩어지는 선교적 교회로 전환하는 결단이었다. 2022년 현재의 명칭으로 변경 후 본격적으로 교회가 아닌 공익법인으로서의 정체성을 확립해 나가고 있다. 2023년부터는 노숙인 봉사 및 재활을 위한 〈따뜻한 밥차〉 사업과 그룹홈 청소년을 위한 〈부메랑 F.C.〉 등의 사업을 확장해 가는 중이다.

이런 변화의 기로에서, 교회로서의 정체성 혼란은 감수해야만 했을 것이다. 허대광 목사와의 인터뷰에서 당시 성음교회 예배당 이전을 앞두고 고민이 깊었음을 알게 되었다. 특히 교인들과의 소통에서 어려움도 있었고 왜 이런 방식의 교회가 필요한지에 대해 오랜 기간 설득했다고 했다. 하모니포씨티 사례의 경우, 목사와 교인 간의 오랜 소통의 중요성이 이런 변화에 매우 중요한 요소임을 잘 보여준다. 왜냐하면 많은 경우, 교인들은 자신의 교회를 중심으로 신앙생활과 봉사활동, 그리고 선교 사역을 생각하기 마련이다. 그런데 공공신학과 선교적 교회로의 전환은 이전에는 경험해 보지 못한 방식의 신앙이고 실천이기 때문에 더욱 그러하다. 이런 질문과 고민은 성음아트센터 공간을 빌려서 예배를 보는 이후에도 지속되었으며, 이 고민은 교회 중심이 아닌 지역을 섬기는 선교적 교회로서의 정체성에 대한 실존적 물음이었을 것이다.

2. 누구에게나 열린 공간

두 번째로 눈여겨볼 점은 성음아트센터라는 공간이다. 지역 기반의 선교적 공동체로 전환하기 위한 가장 상징적인 결단은 전통적인 예배당 건물을 짓는 대신 현재의 성음아트센터를 건립하기로 한 것이다.[37] 성남시 백현동 카페거리에 위치한 5층 규모의 이 건물은 200석 규모의 클래식 연주홀(뮤지카홀)과 100석 규모의 실용음악 연주홀(플럭스온)을 갖추고 있으며, 그 외 전시를 위한 갤러리와 2층 규모의 카페를 갖춘 복합문화연주공간이다.[38] 그런데 이 건물에는 교회를 나타내는 듯한 이미지나 간판, 상징 등 그 어떤 표식도 없다. 따라서, 많은 내방객, 관람객, 손님들이 이곳을 방문해도 기독교와 연관되었다거나 주말에 교회로 사용되는 공간이라는 느낌을 받기 어렵다.

앞서 급진전통주의 신학 전통에서는 근대성의 대안으로 탈세속화를 외치며 기독교의 종교적인 권위와 '신성함'을 회복하기 위하여 기독교적 상징으로서 예배당, 예전 및 전통의 회복을 강조한다. 이런 측면에서

---

37 성음아트센터는 2019년 10월 2일 개관하였다.

38 성음아트센터 홈페이지 참조. https://www.searts.or.kr/ (2024. 2. 2. 접속)

볼 때, 성음아트센터는 기독교적 상징과는 무관한, 무미한 곳이다. 좀 더 시니컬하게 표현한다면 거룩하거나 신성한 느낌의 종교적인 상상력이 자극되는 그런 장소는 아니다. 이는 하모니포씨티가 추구하는 지향점과는 결을 달리한다. 성음아트센터라는 공간은 '누구에게나 열린 공간'으로서 존재한다.

여기서 '누구나'라는 것은 기독교인과 비기독교인 누구나 쉽게 올 수 있는 곳을 의미한다. 만일 이 공간의 무엇이라도 기독교와 관련된 곳임을 표출한다면 이미 나름의 장애물이 발생한다. 하지만 이 공간은 지역사회 누구에게나 열려있는 공간으로서, 특별히 이 지역의 음악을 매개로 한 다양한 문화적 활동과 향유의 장소로 사용되고 있다. 경기도와 성남시는 이 공간에서 지역 주민을 대상으로 콩쿨 경연대회와 경기틴즈뮤지컬 오디션 등을 개최하기도 하고, 지역 주민을 대상으로 하는 '백현아이야 합창단' 등을 결성하기도 했다. 또 다른 '누구나'의 의미로는 설립 초기부터 이어져 온 여건이 어려운 청소년을 대상으로 음악교육을 실시하는 것도 포함된다.

다른 한편으로, 성음아트센터는 '열린 공간'이다. 열린 공간이란 말도 누구나와 흡사하지만, 필자가 주목하는 점은 예술적 공간으로서 일반 사람들이 오고 싶은 공간을 의미한다. 건물 1-2층에 위치한 카페의 이름은 〈오픈 커피〉이다. 아마도 누구에게나 열린 공간으로 사용되길 바라는 마음이 담긴 것이라 추측할 수 있다. 개인적으로 인상적인 것은 〈오픈 커피〉에 방문하는 손님의 다수가 젊은 층의 고객이라는 점이다. 물론 젊은 사람들이 여기서 커피를 마신다고 복음을 듣게 되는 것은 아니다. 하지만 이 지역의 문화 시설로서의 역할은 충분히 하고 있다고 하겠다. 좋은 커피와 차를 마실 수 있고, 사람들과 여유롭게 이야기를 나눌 수 있는 감각적인 디자인의 공간을 제공하는 것만으로도 이 지역 사람들에게는 좋은 삶의 질을 소개하는 예가 될 수 있다.

혹자는 이 공간이 너무 화려하거나 커피값이 비싸다고 비판할 수도 있을 것이다. 차라리 그 돈으로 가난한 사람을 돕는 것이 낫지 않겠느냐 반문할 수도 있을 것이다.[39] 그런데 그것만이 좋은 도시를 만드는 방식은 아니다. 분명히 교회는 사람들의 결핍과 어려움에 도움을 주어야 하지만, 그것만으로는 불충분하다. 사람의 행복은 좀 더 창조적인 방식으로 채워지기 마련이다. 그레이엄과 로우는 도시 속 공공신학의 모델로서 영국 성공회의 두 보고서 〈도시의 신앙〉(Faith in the City)과 〈신앙의 도시들〉(Faithful Cities)을 예로 든다.[40] 그런데, 5년의 시간을 두고 만들어진 두 보고서의 차이를 설명하는 부분이 흥미롭다. 첫 번째 프로젝트였던 〈도시의 신앙〉에서는 주로 도시의 문제를 물질적인 영역(빈곤, 환경 파괴, 경제 정의 등)에서 찾았다면, 이후 〈신앙의 도시들〉에서는 좀 더 포괄적인 접근으로서 행복과 안녕을 의제로 삼았다고 평가한다.[41]

이는 소극적 복지 차원에서 적극적 복지 차원으로의 점차 확장되는 전인적 관점을 반영하는 것이다. 행복한 도시란 도시공동체 구성원의 행복을 의미하는데, 이 행복이란 물질적인 것만이 아니라 비물질적인 것으로 얻어지는 경우가 많다. 문화와 예술이 그러하고, 종교 또한 그러하다. 행복은 특히 물질적인 수단만으로는 얻어질 수 없는 영역이며, 눈에 보이지 않는 가치(가족, 관계, 자아실현, 정서, 나누는 삶)를 필요로 한다.

---

39 물론 이 재단은 노숙인 사역과 그룹홈 청소년 사역을 하고 있다.
40 그레이엄 & 로우, 『무엇이 좋은 도시를 만드는가』, 90-131.
41 위의 책. 129.

좋은 도시에 예술 및 문화적 사역의 필요성은 더욱 커질 것이다. 소비자
본주의로부터 완전히 자유로워지긴 어렵겠지만, 작은 비용으로도 맛과
멋, 여유를 느끼고, 쉼으로부터 삶의 의미를 돌아보게 하는 공간이라면
충분할 것이다. 메마른 현대 도시인에게 영혼의 오아시스처럼 잠시 쉴
수 있는 안식처 역할을 해주길 기대한다.

3. 아래로부터 움트는 도시의 상상력

세 번째로 주목할 점은 하모니포씨티의 걸어온 방식이 지역의 필요
에 귀를 기울이는 것에서부터 비롯했다는 점이다. 필자는 이를 '아래로
부터의' 방향성과 '안으로부터의' 방향성이라는 관점에서 그 의미를 생
각해 보려고 한다. 먼저 하모니포씨티의 사역은 아래로부터 움튼 것이
라고 하겠다. 성남/판교 지역의 필요에서부터 시작한 사업들이란 점에
서 의미가 있다. 교회를 위한 프로그램이 아니었다는 점에서도 중요하
다. 이런 점은 단기적으로는 잘 드러나지 않는 부분이다. 도움이 필요한
곳에 지속적인 사역을 유지하는 일은 쉽지 않은데, 이로써 지역 주민과
성남시로부터의 인정을 얻게 되는 계기가 될 것이다.

보건복지부에 올라온 한 연구보고서는 종교단체가 운영하는 사회복
지시설을 조사하면서 현황과 규모, 운영 등을 살핀 후, 문제점을 다음과
같이 평가한다.

> … 사회복지시설을 운영하는 주체들이 나름대로의 수고와 노력을 아끼지 않
> 고 있다는 점에는 동의한다. 그러나 일관되고 통일된 기준이나 방법이 아닌
> 복지시설을 운영하는 주체들이 나름대로의 프로그램에 의존하다 보니 적잖

은 문제점들이 드러나고 있다. 예를 들면 각 종단별로 그리고 교파별로 각기 다른 형태의 사회복지시설을 운영하고 있었으며, 결국은 종교적인 목적을 성취하기 위한 방법으로 사회복지를 선택하고 있었음을 부인할 수 없는 일이다.[42]

교회를 위한 목적이었다면 쉽지 않을 일이다. 종교적 목적을 성취하기 위한 것이 아니라 지역사회의 필요에 집중한 것일 때 그 진정성은 진가를 발휘할 것이다. 그런 면에서, 진정성은 아래로부터 움트는 동시에, 안으로부터 나오는 것이기도 하다. 한 단체가 모든 일을 다 할 수 없다. 아무리 큰 규모의 단체라도 말이다. 하모니포씨티의 경우엔 자신들이 가장 잘 할 수 있는 것부터 집중했다는 점을 높이 평가하고 싶다. 틴하모니에서 성음음악센터로, 노숙인 봉사에서, 그룹홈 청소년 사역으로 그 사역의 진행이 지역의 필요와 단체가 할 수 있는 것 사이에서 자연스럽게 만나고 사건이 된다. 작지만 의미 있는 일을 차근차근하는 과정에서 현실적인 고민과 신중함을 느낄 수 있다.

실무진과의 인터뷰 중에서 하모니포씨티의 비전을 지역의 다양한 사람과 사역을 잇는 '플랫폼'(flatform) 역할을 자처하는 점이 인상적이었다. 홈페이지 소개의 글에도 플랫폼으로서의 비전이 가장 전면에 소개되어 있다.

'하모니포씨티'는 청소년에 대한 관심에 더하여 도시에서 소외된 여러 사람

---

42 종교문화발전연구원, 「종교시설의 사회복지시설로의 활용방안 연구」, 보건복지부 (2005), 52.

들에 대한 관심으로, 도시 속의 노숙인 등 사회적 약자들의 따뜻한 친구, 친절한 이웃이 되기 위해 새로운 플랫폼 개념의 법인으로 새롭게 태어났습니다.[43]

　〈따뜻한 밥차〉의 경우, 정진애 대표의 노숙인 사역에 대한 관심으로부터 자발적으로 시작되었으며 단체는 이를 지원하고 협력하는 방식으로 돕고 있다. 사례비와 재정 등도 중요한 지원이지만, 이를 법인화하여 체계화하거나, 지역 교회 및 교인들과의 협력과 연대를 통하여 성남시 노숙자 봉사를 위한 힘을 합치는 모습이 인상적이다. 플랫폼 개념의 법인은 그동안 큰 대형교회 중심의 선교적 접근과는 결을 달리할 가능성이 있다. 플랫폼 모델에선 결국 사람과 교회, 지자체와의 협력이 필수적이기 때문이다. 그러려면, 무엇보다 사역에 진실하고, 재정 사용에 투명해야 하며, 문제 해결에 전문성을 갖추되, 함께 힘을 모을 자세가 필요할 것이다. 또한 누구라도 지역의 필요에 대해 논의할 열린 플랫폼으로 기능할 수 있기를 이후의 사역에 기대와 응원의 마음을 보탠다.

4. 리더십과 지속가능성

　마지막으로 보텔 것은 이 모든 과정에서의 허대광 대표의 역할이다. 그는 한 지역 교회의 목사이자, 백현동 카페문화거리의 상가번영회장이다. 듣기로는 성음아트센터가 들어서면서부터 백현동 카페거리의 활기

43　하모리포씨티 홈페이지 참조. http://www.harmonyforcity.org/page/about (2024. 2. 2 접속).

를 되찾기 시작했다고 한다. 그렇게 맡게 된 상가번영회 회장이란 자리는 교회/교인만큼이나 지역 상인들도 잘 되길 바라는 마음으로 대해야만 비로소 그들의 마음을 얻을 수 있었을 것이다. 각자도생 사회, 나만 잘 살면 된다는 마음이라면 불가능했을 것이다. 다같이 잘 살자는 마음이 없었다면 통하지 않을 진심이었고 세월일지도 모르겠다. 공동의 선을 추구한다는 건 어려운 것이 아니지만, 실제로 그렇게 사는 것은 결코 쉽지 않다. 이제는 상임대표로서 백현동과 성남시의 필요를 채우기 위하여 교회와 마을, 지자체 사이에서 소통을 돕고 중재자로서의 역할을 감당해야 할 것이다.

단체의 사역들과 그간의 이야기들을 나누면서 허 목사는 마냥 기쁘고 즐거워하지 않았다. 여전히 많은 고민과 풀어야 할 과제들이 있음을 알 수 있었다. 여전히 그는 목사로서 어떻게 하면 교인들과의 신앙 성숙을 위하여 목회적 돌봄을 잘 수행할지를 고민한다. 이런 문제는 도시와 마을을 섬기는 선교적 교회들과 많은 업무와 책임을 감당하는 목회자에게 반복되는 문제이다. 아마도 일정 시간이 지나고, 인력과 조직이 안정화가 된다면, 목회를 위한 어느 정도의 선택과 집중은 불가피할 것으로 보인다. 따라서, 향후에는 그동안의 1인 리더십을 어떻게 넘겨줄 것인지에 따라 이 단체의 지속가능성이 달라질 것이다. 단체를 묶는 것은 물질적인 여건도 필요하지만, 장기적으론 사람이다. 하모니포씨티의 선교적 정신과 도시 공동체로서의 비전을 이해하고 함께할 역량 있는 사람들이 모일 수 있어야 가능하다. 사역의 확장이 능사는 아니다. 코어 그룹의 단단한 연대와 외부와의 느슨한 연대 사이의 균형이 필요할 것이다. 안정적인 재정 마련도 관건이다. 현재의 수익 사업 이외에, 개별 후원자/멤버십을 보완하는 길이나 지자체와의 협력 및 자금 조달의 방향도 적극적으로 고민해 볼 필요가 있다.

나가는 말: 공존을 넘어 공생, 조화로

일레인 그레이엄은 도시 교회의 특징을 아래와 같이 세 가지로 요약한다.[44] 첫째, 해당 공간과 장소에 장기간 존재하고 헌신함으로써 독특한 지역성을 지닌다. 둘째, 지역사회를 돌보고 섬긴다. 셋째, 희망, 용서, 초월성의 비전을 구현한다. 하모니포씨티의 사례는 성남/판교 지역에서 성음아트센터라는 공간을 중심으로 음악, 봉사, 교육, 문화 사역을 통해 공동체를 섬기고 있다. 지역사회의 결핍과 행복을 위해 돌봄과 섬김을 제공하고 있다. 성남시 백현동을 중심으로 누구에게나 열린 공간의 가능성을, 교회의 목적을 내세우기보다 지역 주민의 필요에 귀 기울이는, 도한 성남시 지자체의 적극적인 협력의 가능성을, 지역 교회 간의 협력이나 연대의 가능성을 열어가는 모습을 보여주는 좋은 사례가 아닐까 생각한다.

오늘 한국 교회는 교회만 생각하고 세속 사회와 적대적이거나 각자 존재하는 모습이라는 비판을 받곤 한다. 많은 예배와 교회 모임을 가지며 많은 시간을 교회 봉사에 할애하기도 한다. 또는 여러 분야에서 사회 복지 사업과 사회봉사를 어떤 종교/단체보다 많이 하는데도 기독교에 대한 이미지는 부정적이고, 신뢰할 만하지 못하며, 이기적이라는 오명을 받고 있다. 필자는 공공신학적 관점에서 도시의 필요에 집중하고 서로를 돌보아 함께 살아갈 공생의 모델로서 유기체적 도시공동체를 제시

---

44 그레이엄 & 로우, 37.

하였다. 그리고 오늘 살펴본 하모니포씨티의 사례가 적어도 교회'만'을 위한 교회가 아닌 모두가 함께 살아가기 위한 용기 있는 결단과 노력들이 상실의 시대에 희망을 포기하지 않을 하나의 사례로 읽혀지길 기대해 본다.

윌리엄 템플 주교는 교회의 사명을 "그 일원이 아닌 이들을 위해 존재하는 조직"이라고 정의 내린 바 있다.[45] 한국 교회가 우리 사회에 그저 '공존'하는 것만으로는 불충분하다. 교회만을 위한 왜곡된 열심은 지양해야 한다. 도시라는 공동체는 살아있는 유기체와 같다. 누군가의 아픔은 곧 나의 아픔이고 그것은 모두 연결되어 있다. 무엇이 도시를 아름답게 만드는가? 여러 음이 각기 존재하는 다성음악보다 서로의 음이 만나 아름다운 하모니를 만들 때 아름다운 도시는 가능할 것이라 생각해 본다. 그렇게 생생하고 조화로운 하모니가 더 멀리 울려 퍼지기를 기대하고 기도한다.

---

45 위의 책, 29-30.

하.나.의.공동체
"도시에, 교회공동체, 마을을, 그려가다"

강선규 이사장
주택협동조합 하나의 공동체

들어가는 말:
숨이 깃들어 삶이 된 주거공동체, 그 이상의 마을공동체 이야기

서대문구 남가좌동에서 하.나.의.교회(하나님의 나라와 의를 먼저 구하는 교회) 가족들이 공동체 주택을 짓고 함께 살아온 지 11년이 넘었습니다. 요즘 속도라면 강산이 서너 번은 변할 '세월'입니다.

우리가 오랜 논의 끝에 서울에서 대지를 매입하고 빌라를 짓겠다고 했을 때, 우리의 시도가 무엇을 향한 것인지 이해하는 사람들은 많지 않았습니다. 집은 모름지기 아파트를 사야 투자 가치가 있다고 생각하는 사람들은 우리를 어리석다 했습니다. 우리의 관심이 '공동체적인 삶'에 있다는 걸 이해하는 사람들마저도 "왜 그리 어려운 일을 하려 하나?" "형제도 떨어져 사는 게 나은데 곧 크게 싸우고 헤어질지도 모른다"며 애정 어린 염려의 시선을 보내왔습니다. 지역의 교회들이나 그리스도인들이 "우리 동네에 이단이 공동주거시설을 짓는다"며 근심하였다는 이야기는 심심치 않게 전해 들었습니다.

사실, 우리의 첫 번째 공동주택 〈하심재〉에 입주한 열두 가정도 각기 기대하는 바가 조금씩 달랐고, '우리는 어떤 모습으로 어떻게 살며 어떤 목적을 이루려 한다'는 정리된 의식을 가지고 있지 않았습니다. 다만, 교회는 어떤 곳인가, 교회가 하나님 나라 백성들의 공동체라고 할 때 그 모습은 어떠해야 할까, 그리스도를 따르는 우리가 이 땅에서 공동체로 살아간다고 했을 때 지금의 우리 모습보다 조금 더 나아갈 수 있는 부분이 무엇일까, 우리가 모여서 살아갈 때 함께 할 수 있는 일이 무엇일까, 고민하고 수고할 마음이 되어 있었다고는 말할 수 있을 것 같습니다.

2011년에 대지를 구입하고 지난한 건축과정을 거쳐 2013년 봄에 하심재 입주를 했습니다. 하심재 입주식은 〈마을공동체 하나의〉의 시작이기도 했습니다. 그 사이에 주변으로 이사를 와서 걸어 다니며 만날 수 있는 거리에 살고 있는 하.나.의.교회 식구들이 성인 50명을 넘기고 있었습니다. 우리는 이후 11년 동안 〈하의재(8가구)〉 〈하담재(6가구)〉를 건축하였고, 동교동 지하 2층을 세내어 모이던 교회당을 하의재 지하로 이사했고, 이제 매입형 작은 다가구공동체주택(3가구)이 곧 입주를 앞두고 있습니다. 마을공동체 하나의에는 성인 100명 가량이 함께 모여 있습니다.

우리의 지난 과정은 서울에 직장을 가지고 살아가면서 전세 보증금조차 상당 부분 대출에 의지할 수밖에 없는 소시민이 안정적인 주거를 마련한 이야기로 들릴 수도 있습니다. 대도시에서 마을공동체라는 느슨한 연대조직을 꾸리고 서로 돌보는 삶을 살아가는 대안적 시도로 읽힐 수도 있습니다. 그런 측면이 없는 것은 아니지만, 우리에게 이 과정은, 하나님 나라 공동체로 우리를 부르신 하나님의 부르심에 대한 응답이고, 우리의 연약함과 이기심을 깨닫는 과정이며, 하나님이 부으시는 은혜를 경험하며 우리의 한계를 넘어서 보려는 시간과 공간입니다. 하나님 나라 공동체로 살아가며 이 세상에 빛과 소금이 되고자 분투하는 사람들이 계속 이어갈 일상입니다.

하나님나라 공동체: 교회 비전의 일상적 실천

우리의 비전(Vision)은 그리스도의 온전한 제자로 성장하고 하나님 나라의 온전한 공동체로 살아가며 이 땅에서 창조적 변혁을 이루어내는 것입니다.

온전한 제자도
우리는 그리스도 예수의 완전한 모습에 이르는 제자로 끊임없이 성장하기를 꿈꿉니다. 그것은 온 몸과 마음을 그리스도께 복종시켜 인격과 삶의 그리스도를 닮아가며, 세상 속에서 하나님의 뜻을 분별하여 온전하고 균형있는 사람으로 자라는 것입니다.

하나님 나라 공동체
우리는 하나님 나라의 모델이 되는 살림의 공동체를 꿈꿉니다. 그것은 공동체 속에서 개인의 삶을 살리고, 나아가 공동체의 그 생명력으로 이웃을 살리는 참 살림의 공동체를 이루는 것입니다.

창조적 변혁
우리는 세상을 새롭게 하시는 예수 그리스도의 손길이 되기를 꿈꿉니다. 그것은 이 시대이 땅에 우리를 부르신 하나님의 뜻대로 세상의 모든 영역을 회복시키시는 그리스도의 사역에 동참하는 것입니다.

1. 하.나.의.교회 비전의 연장선에 있는 주거공동체, 그리고 마을공동체 하나의

교회는 "하나님의 목적을 성취하기 위해 부름 받은 사람들의 공동체"(김형원, 〈교회는 어떤 공동체인가, 15쪽)입니다. 모든 공동체가 교회는 아니지만 모든 교회는 공동체여야 함에도 불구하고, '교회'가 '공동체'를 이룬다니 '이단'일 가능성이 높다고 이야기했던 주변의 시선은 이해할 만한 것이었습니다. 한국 교회가 공동체성을 상실한 지 이미 오래되었고, 조금 더 강한 공동체를 추구하는 곳은 대부분 이단 집단들이었던 경험에 비추어 볼 때, 그런 의심과 염려는 충분히 그럴 수 있겠다 여겨졌습니다. 하지만 동시에 그것은, 그러려니 하고 넘어가서는 안 되는 뼈아픈 현상이고 우리를 돌아보게 하는 지적이었습니다.

하.나.의.교회는 "먼저 하나님의 나라와 그 의를 구한다"는 사명 아래, (1) 온전한 제자도 (2) 하나님 나라 공동체 (3) 창조적 변혁이라는 세 가지 비전을 공유하고 고백하고 있습니다. 2003년 개척교회를 시작하면서도 가지고 있었던 우리의 비전이기는 했지만, 우리는 2010년 교회 7주년 때에 교회 비저닝 작업을 온 교인이 함께 진행하면서 이 세 가지 비전을 정리했습니다. 그리고 그 해 여름 전교인수련회에서는 하나님 나라 공동체라는 말이 갖는 실제적인 의미에 대해 함께 공부하고 토론하고 실천 방안을 고민했습니다.

우리의 신앙고백이 전인격을 포함하고 있듯이, 하나님 나라 공동체는 영적인 활동만을 함께하는 곳이 아니라 우리의 삶 전반에서, 결국 일상의 모든 활동을 통해서 실현되어야 합니다. 그런데 우리 교회는 개척 이후 줄곧 가족 모임이라는 소그룹모임을 통해서 공동체성을 강조하고 실천하려 애쓰고 있었지만, 주거밀집지역이 아닌 지하 교회 공간에 걸어서 예배에 참석하는 사람이 하나도 없다는 한계를 가지고 있었습니다. 누군가의 긴급한 필요를 보아도 달려가기에는 너무 멀었고, 아이들을 함께 기르고 아픈 지체를 돌보고 지역사회 변화를 이끌어내기에 우리가 함께하는 시간은 턱없이 부족했습니다.

교회의 본질에 대한 학습, 공동체 실천 방안에 대한 토론과 국내외 사례 연구와 탐방 끝에 우리가 찾은 방법은, 일단 한번 "모여서 살아보자"는 것이었습니다.

2. 모여 살기 위한 집짓기

2010년 전교인 수련회 이후에 우리는, 이사를 할 상황이 되는 사람들은 최선을 다해 교회 주변으로 모여보자는 시도를 했습니다. 그러나 당시 교회가 위치하고 있던 홍대 근처 동교동 주변의 집값, 전월세 가격은 우리가 넘보기 힘들게 높았습니다. 두세 가정이 모이고, 교회가 보증금을 마련하고 입주자가 월세를 나누어 내는 싱글 자매들의 공동체 하우스가 생겨났지만 더 이상 진전이 이루어지지 않았습니다. 어차피 교회가 세 들어 있는 공간과도 거리가 있었고, 전월세로 세 들어 이사 온 집들도 정주의 안정성은 보장할 수 없었습니다.

우리는 공동체 공간을 포함하고 있는 공동체 주택을 건축하기로 계획했고 부지런히 땅을 구하러 다녔습니다. 교회 근처부터 찾기 시작했던 것이 높은 가격에 밀려 계속 반경을 넓혀가고 있었습니다. 그렇게 몇 달 동안 발품을 팔아서 이곳에 집을 짓자고 처음 마음을 먹었던 곳은 파주에 있는 땅이었습니다. 가격 흥정을 하고 계약서에 도장을 찍기만 하면 되었는데, 우리가 첫 공동체살이를 서울을 벗어난 곳에서 하는 게 맞는 걸까 고민이 되었습니다. 우리가 아는 한, 그때까지 기독교 공동체들은 대부분 지방에서 소규모로, 우리가 생각하는 것보다 더 강한 공동체성(소유공동체나 생산공동체의 성격을 가진)을 가지고 살아가고 있었습니다.

서울살이가 긍정적이지 못한 면들이 많이 있다고 해도, 대한민국에서 서울과 수도권에 인구가 밀집해 있는 것이 현실이고, 삶의 현장에서 교회 공동체를 이루고자 한다면 누군가는 서울 한복판에서 의도적 공동체를 시도해봐야 하지 않을까, 그걸 누군가 해야 한다면, 여러 측면에서 우리가 이 일을 하는 데 적합하지 않을까, 꼬리를 무는 고민이 떨쳐지지 않았습니다.

그 당시 함께 집짓기를 시도하고 있던 아홉 가정은 2011년 삼일절에 모여서 서울과 파주를 놓고 장단점을 따지고 논의한 끝에, 투표를 통해 한 달만 더 서울에서 땅을 찾아보자는 결론을 내렸습니다(딱 한 표를 더 얻은 결과였고, 파주파와 서울파가 각기 열심히 기도하자는 농담을 하며 헤어지던 날이 기억에 생생합니다). 그리고 3월 말일에 우리는 남가좌동 현재 하심재 건물이 들어선 곳, 코인세차장을 운영하던 대지 매입 계약을 했습니다. 우리가 매입한 땅 가격은 파주에 매입하려던 땅에 비해 20배가 넘게 비쌌고, 그것은 파주에 마당을 공유하는 단독주택을 짓고 살게 될 것을 예상하던 사람들에게는 너무나도 다른 주거형태를 수용해야 한다는 의미였습니다. (두 번째 공동주택을 짓던 2016년에 우리는 여럿이 힘을 모아 충북 음성에 대지를 마련하였고, 커뮤니티하우스 〈하연재〉를 지어 공동체가 활용해오다가 이제 주거용 주택을 짓고 있습니다. 아마도 음성공동체는 도시공동체와는 조금 다른 형태로 공동체적 삶을 실현하고 서울의 공동체와 연계하게 될 것입니다.)

첫 번째 공동주택 하심재를 짓고 난 이후 지금까지, 공동체주택을 시도하는 여러 교회 그룹들이 우리를 방문했습니다. 우리는 그분들에게, 함께 집을 지으려 하다보면 중간에 그만두어야 할 이유가 백만 가지는 있다고 이야기하곤 합니다. 땅을 구입하고, 건물을 설계하고, 각 집의 위치를 정하고, 돈을 모으고, 공동체살이 규칙을 정하는 모든 과정에서 이견이 나오고 때론 이기심이 드러납니다.

우리가 흩어지지 않고 그 난관을 넘어올 수 있었던 힘은, 우리가 이일을 하는 '목적'이 무엇인지를 끊임없이 상기하였던 것에서 생겨났다고 여겨집니다. 우리처럼 의도적으로 시도되는 공동체에는 (1) 공동의 목적 (2) 공동의 공간과 그곳에서 함께하는 시간 (3) 일정 정도 이상 공유되는 물질적 소유(돈), 라는 요소가 필수적으로 요구됩니다.

우리는 공동체를 준비하면서부터 지금까지, 우리가 함께 살아가고자 하는 이유를 계속해서 기억하고 하나님이 우리에게 요구하시는 삶의 방식이 어떤 것일지 고민을 멈추지 않고 실천하기 위해 애써왔습니다. 우리에게도 크고 작은 갈등과 충돌이 없지 않았고, 머뭇거림이나 위기와 후퇴도 있었지만, 공동체와 거기 속한 개인들이 10여 년 동안 성장해 올 수 있었던, 그다지 특별하지 않은 '비결'입니다.

3. 느슨하지만 견고한 연대: 마을공동체 하나의

2011년에 땅을 매입하고 2012년 6월에 준공 예정이던 하심재 건축은 예상했던 모든 어려움들과 전혀 예상치 못했던 온갖 난관에 부딪히며 2013년 5월이 되어서야 완공되었습니다. 건축 기간이 늘어난 것은 매우 고생스러웠고 여간 나쁜 일이 아니었지만, 한편으로 그 긴 건축기간은 우리 몸에 좋은 쓴 약이기도 했습니다.

도심 기독교 주거공동체의 사례를 볼 수 없었기에 막연하게 품고 있던 두려움보다 함께 살고 싶다는 갈망이 커졌던 것, 건축 비용을 마련하기 위해 살던 집을 순차적으로 정리하고 남아있는 집들에 들어가서 함께 살기를 (강제적으로) 훈련하였던 것, 교회 안에 또 하나의 작은 (엘리트) 집단이 생겨나는 것은 아닌지 염려하던 교인들이 하루빨리 집이 지어지고 입주할 수 있기를 한마음으로 기도하게 되었던 것, 그리고 이제 집을 짓고 살아가게 되었으니 쉽게 흩어지지는 않을 거라는 믿음이 생겼기 때문인지 그 2년의 기간 동안 하심재 주변으로 이사 온 교회 식구들이 많이 늘었던 것, 등등, "모든 것이 협력하여 선을" 이루는 것을 체험한 시간이었습니다.

2013년 5월 말, 우리는 하심재 오픈식과 함께 〈마을공동체 하나의〉를 출범했습니다. 하심재 열두 가정에게는 주거공동체로서 서로를 조율하고 맞춰갈 시간이 필요했지만, 이미 마을에 모여 있는 교회 식구들과 결속을 다지고 공동체 활동을 함께할 필요도 분명했습니다. 뿐만 아니라, 마을공동체는 열두 가정만으로는 하기 어려운 시도들을 해볼 수 있는 토대가 되어주기도 했습니다.

세 개의 주거공동체(2013년에 입주한 하심재, 협동조합기본법이 발효된 이후에 〈주택협동조합 하나의〉로 공유하며 2016년에 입주한 하의재, 30대 이하의 청년들이 〈주택협동조합 시작이 반〉으로 공유하며 2021년에 입주한 하담재)를 중심으로 가까운 거리에 살고 있는 성인 100명 가량의 〈마을공동체 하나의〉는 매주 수요일 저녁 공동식사와 토요일 아침에 브런치 시간을 함께하고, 시시때때로 여러 가지 놀이를 함께합니다. 만 2세 이후 취학 전까지 전일제 공동육아 〈아이들의 뜰〉로 아이를 함께 기르고, 초등학생들은 〈꿈뜰〉 방과 후 시간을 함께 보냅니다. 공동체 이모 삼촌들이 아이들을 가르치고 돌봅니다. 누군가가 크게 아프거나 도움이 필요한 일이 있으면 누군가는 그 필요를 채우겠다고 손을 들고, 기꺼이 사랑의 수고를 쏟아줍니다. 옷과 장난감과 생활용품들, 간간히 사용하는 온갖 도구들이 마을공동체 단체 대화방이나 만남을 통해 나누어지고 교환되고 대여됩니다. 물질적, 정서적으로 짐을 나눌 공동체가 있어서인지, 우리의 출산율은 대한민국 평균 출산율을 훨씬 웃도는 것이 분명합니다!

하의재 지하공간에 마련된 〈마을극장 가좌동〉은 주일에는 하.나.의.

교회 식구들이 모여 예배를 드리는 공간이지만, 평소에는 지역 주민단체들에게 대관을 하기도 하고 지역주민들에게 개방된 공연을 하기도 합니다. 교회 공간을 하의재로 이전하면서 예배 공간의 크기는 줄어들었지만, 공동체 주택의 가정들이 주일 소그룹 모임들에 문을 열어주어 훨씬 효율적인 활동이 가능해졌습니다. 하담재에는 청년들의 코워킹 사무실이 운영되고 있고, 하의재에 있는 마을사랑방은 작은 도서관으로 꾸며져서 자유롭게 활용되고 있습니다.

코로나 팬데믹을 지나고 나서는 일 년에 네 번 정기적으로, 지역주민 셀러들을 모집해서 플리마켓을 엽니다. 계속해서 셀러로 참여하고 있는 동네 작은 책방지기는 한 달 동안 매장에서 판 책보다 더 많은 책을 팔았다고 좋아하기도 합니다. 격주로 반찬을 만들어서 지역에 홀로 사시거나 거동이 불편하여 식사 준비가 힘겨운 어르신들에게 배달하고 관계를 맺어갑니다. 반찬을 가지고 지속적으로 찾아가는 청년들이나 엄마를 따라나선 아이들은 어르신들로부터 간간이 간식거리를 얻어오기도 하고, 용돈을 받아와서는 다음번 반찬 재료를 사는 데 쓰라고 내어놓기도 합니다. 공동의 주방이 있고 긴 시간을 들이지 않고 달려와 함께 일을 해줄 사람들이 주변에 모여 있어서 가능한 일입니다.

마을공동체 가족들은 우리의 비전에 따라, 우리가 살아가고 있는 주변 세상을 창조적으로 변혁하고자 노력합니다. 거창한 일이 아니더라도 주민센터나 구청을 중심으로 한 활동에 역할을 맡기도 하고, 사회적 이슈들에 공동의 의사를 표현하기도 합니다. 기후위기와 관련한 스터디를 하고, 공동의 실천 방식을 마련해서 노력을 기울이기도 합니다. 우리의 활동을 위해 필요한 자금은 소득 대비로 기금을 모으는 방식을 사용하여서, 물질에 있어서 하나님 나라 원리(평균케 하는)를 부분적으로나마 실천하고자 합니다.

우리의 일상에 녹아있는 활동들을 정리해서 써놓으니 대단한 일을 하고 있는 것 같아 보일까 염려가 되기도 하지만, 우리가 공동체로 존재하고 살아가고 있기에 할 수 있는 일들이 많은 것이 사실이기도 합니다. 지면에 다 기록할 수는 없지만 매일의 일상에서 재미있고 감동적인 이야기들은 헤아릴 수 없이 많습니다. 물론, 이해하고자 애써야 하는 사람이나 사건들도 많고, 고민거리도 많고, 수고로움도 큽니다.

삼겹줄의 구조와 삶

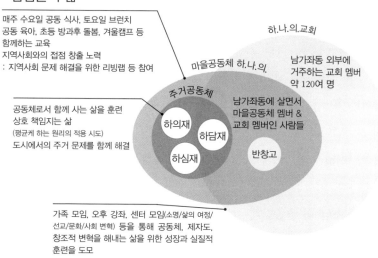

〈하심재〉, 〈하의재〉, 〈하담재〉와 같은 주거공동체는 다양한 목적을 가지고 다양한 형태로 실현할 수 있습니다. 자녀를 양육하는 기간 동안 육아나 교육을 목적으로 하는 공동체를 추구하는 경우도 있고, 중년 이

후에 마음 맞는 오랜 친구들과 노년을 건강하고 즐겁게 보내기 위해 함께 집을 짓고 살아보려는 사람들도 있습니다. 기독교 공동체로서도 선교를 주목적으로 공동주거를 선택할 수 있고, 사도행전의 첫 교회 모습처럼 가진 것을 모두 통용하며 자본주의에 저항하는 대안공동체를 시도해 보고자 할 수도 있습니다.

우리의 목적은 좀더 포괄적이고 다양하고 긴 호흡을 가지고 있습니다. 뾰족하게 날이 서있는 선명성을 드러내지는 못하지만, 다양한 연령층에, 다양한 취향에, 다양한 신앙수준(?)에 있는 사람들을 엮여서 하나님나라 백성으로서의 삶을 훈련할 수 있게 하는 품을 내어줍니다.

우리의 주거공동체와 마을공동체와 교회공동체는 서로 유기적인 관계를 맺고 있는 삼겹줄과도 같습니다. 하.나.의.교회 공동체는 주일에 함께 공동예배를 드리고 함께 성경공부를 하고, 가정모임 구조로 공동체를 이루어 삶의 기쁨과 슬픔을 나누고, 선교하고 봉사합니다. 하.나.의.교회 공동체의 멤버십이 있어야 가입할 수 있는 마을공동체 하나의는 가까운 거리에서 서로를 돌보고 서로의 삶에 개입하며 지역사회에 하나님나라 공동체의 모델이 되어 영향을 미치고자 합니다. 혼자서는 할 수 없지만 함께 있으면 할 수 있는 변혁을 꿈꾸고 작은 실천을 함께합니다. 마을공동체 하나의 멤버십이 있어야 입주할 수 있는 주거공동체는 조금 더 촘촘하게 서로를 알고 견디고 나누고 함께하는 훈련의 장입니다. 세 개의 주택이 각기 다른 방식으로 기금을 모으고, 다른 방식의 모임을 갖고, 다른 색깔의 정체성을 드러내지만, 하.나.의.교회 사명과 비전을 공유하고 그 활동을 지원합니다.

아직도 가야할 길, 가고 있는 길: 과제와 기대

거대도시인 서울에서, 가진 것이 많지 않은 사람들이, 교회의 핵심적인 활동에 국한하지 않고, 일상을 공유하는 마을공동체를 꿈꾸는 것은 말 그대로 '꿈같은' 일일지도 모르겠습니다. 하지만, 우리는, 하나님이 우리를 한 사람 한 사람 불러서 자녀 삼으시고 교회로 묶으셨으며, 우리들 한 사람 한 사람이 공동체 안에서 서로를 다듬어 그리스도의 온전한 제자로 성장하고 힘을 모아 세상을 변혁하는 삶을 살아가기를 원하신다고 믿습니다.

본회퍼가 〈성도의 공동생활〉에서 지적하였듯이, 자신이 생각하는 이상적인 공동체를 추구하는 것이 도리어 공동체를 해치는 중요한 요인이 되기도 하고, 우리가 결코 이상적인 존재가 아니기에 우리가 지어가고 있는 마을공동체나 교회공동체 역시 이상과는 거리라 먼 것이 사실입니다. 하지만, 이 세상에서 벌어지고 있는 일들 가운데 하나님의 관심사가 아닌 것이 없을 터이니 그 어느 것도 우리가 관심을 기울이지 않아도 되는 것은 없을 것입니다.

미약하나마 우리가 해온 것들을 이야기하였지만, 우리가 하지 못하고 있는 것들, 잘하지 못하고 있는 것들, 손도 대지 못하고 있는 것들을 생각하면 부끄러움이 앞섭니다. 우리는 여전히 많은 것을 각기 소유하고 과다하게 소비하며 살아갑니다. 불안산업이라는 교육문제에 적극적으로 대응하지 못하고 대안을 실천하는 것도 부족합니다. 청년들의 고민을 풀어나가는 장이 되어주고 있는지, 사회적 돌봄의 연대로 작동하고 있는지, 불평등과 부정의가 만연한 세상에서 우리의 역할을 다하고 있는지, 여전히 그 모든 영역에서 '그렇지 못하다'는 답을 할 수밖에 없습니다.

그럼에도 불구하고, 우리는 가야 할 길을 가고 있는 중이라고 답할 수 있습니다. 공동체는 홀로 있을 때 보지 못하는 나 자신과 우리의 바닥을 보게 하지만, 바로 그 지점에서 우리는 하나님의 은혜를 구하고 경험하기도 합니다. 하나님이 일하시기를, 그 일에 우리가 동참하며 살아갈 수 있기를.

사회적협동조합 와룡
"삼위 하나님의 경륜 가운데 마을공동체살이"

김종수 목사

함께나누는교회, 에듀컬 코이노니아 소장
사회적협동조합 와룡 이사, 놀삶지기

미션얼로 개척되어지는 목사

저는 삼위 하나님의 인도하심으로 보냄 받은 자리에서 미션얼 삶을 통해 마을 공동체를 함께 만들어 가며 제자신이 먼저 개척되어지는 이야기를 준비했습니다. 지난 12년 동안 저는 큰 변화를 경험했습니다. 마을 주민들과 함께 살아가며 그들에게 예수 그리스도를 알리는 것도 중요했지만, 21세기 한국 사회에서 진정한 전환의 삶이 무엇인지 교회 밖에서 경험하게 되었습니다. 전환이라는 말을 생각할 때 캐나다 온타리오주 서드베리 근처의 니켈 광산에서 흘러나온 물을 담은 사진이 있습니다. 이는 버틴스키(Burtynsky)의 "광산과 광미" 시리즈 중 하나로, 금속 채굴 및 제련의 환경적 영향을 다룹니다. 이 사진은 강물로 흘러 들어가는 니켈을 보여주며, 우리가 사용하는 지구의 금속들이 어떻게 채굴되고 환경에 어떤 영향을 미치는지를 생생하게 보여줍니다. 저는 에너지 고갈, 자본주의의 한계, 경제 불평등, 환경 위기, 개인주의 사회, 생태 문제 등과 신앙과의 관계에 대해 깊이 고민하지 않았습니다. 왜냐하면 복음을 개인적인 구원에서만 이해하고 있었습니다. 저는 고려신학대학원을 졸업했으며, 처음 신앙생활을 시작한 교회는 보수적인 신학을 가진 합동 측 교회였습니다. 학부에서는 고신대학교에서 기독교교육을 전공했고, 이후 보수적인 신앙 전통을 가진 고신교단에서 신학을 공부해서 복음의 총체성에 대한 눈을 가지지 못했습니다.

그러나 학부 시절 IVF(한국기독학생회) 활동과 신학대학원 졸업 후 일상생활사역연구소에서의 경험을 통해 변화가 시작되었습니다. 이곳에서 '주 되심', 즉 하나님을 왕으로 모시고 살아가는 세례받은 신자의 삶에 대해 깊이 이해하게 되었고, 기독교 세계관 관련 서적들을 통해 더 많은 것을 배웠습니다. 특히 '주 되심'의 관점에서 교회 안팎에서 하나님을 온 세상의 주인으로 인정하는 생활 신앙 고백을 하게 되었습니다.

미션얼 기획자에서 미션얼 삶으로

이러한 과정 중 2010년 3월 후쿠시마 핵발전소 참사를 경험했습니다. 당시 저는 신앙과 교육, 일상과 교육의 관계에 대해 고민하고 있었는데, 이 사건을 계기로 생태적 회심을 경험하게 되었습니다. 신학대학원을 졸업한 후, 저는 한국 교회에서 제가 어떤 위치에서 어떤 사역을 해야 할지 깊이 고민했습니다. 이 시기에 하워드 스나이더 목사님의 "교회 DNA"와 "피조물의 치유인 구원, 땅과 하늘의 이혼을 극복하는 죄와 은혜의 생태학"이라는 책을 통해 생태의 진정한 의미를 깨달았습니다. 그리고 일상생활사역연구소에서 일상연구지 작업을 하면서, 우리나라의 대안학교들을 탐방했습니다. 아름다운 마을공동체, 민들레공동체 등 기독교 대안학교와 공동체 삶을 접하며 미션얼 대안 공동체 사역에 한 걸음 다가갔습니다. 이 과정에서 '에듀컬 코이노니아'라는 생태교육공동체를 1인 창업가로 시작하며, 보냄 받은 지금 배나무골 마을에서 미션얼 삶을 실천하게 되었습니다.

저는 지난 40년간 부산에서 살았지만, 2010년부터 일상생활사역연구소에서 미션얼 운동 영역을 맡아 컨퍼런스를 기획하고 진행하면서 변화가 시작되었습니다. 실제로 미션얼 삶을 사시는 목사님들을 만나고 그분들의 이야기를 들으며, 저 또한 '미션얼 디자이너'로 살아가야겠다는 결심으로 대구에서 새로운 시작을 하게 되었습니다. 대구는 여름에 많이 덥습니다. 그래서 더운 날씨를 생각하며 옥상에 텃밭을 만들 수 있는 집을 구했고, 2013년부터 시작해서 3년 동안 26가지 작물을 재배하며 생태적 삶을 실험했습니다. 질소의 왕인 오줌액비 사용부터 시작해 다양한 유기농법을 시도하며 생태적 감수성을 키웠습니다. 특히 아이들과 함께 당근, 무, 배추, 옥수수 등을 재배하고 수확하면서, 씨앗에서 식탁까지의 과정을 체험했습니다.

이러한 삶을 바탕으로 도시농부 전문가로 성장했고, 현재는 배나무골 마을공동체 5가정과 함께 고령 지역의 300평 땅에서 농사를 짓고 있습니다. 또한 마을카페 '콩닥콩닥'에서 직접 만든 생강라떼와 생강차를 시그니처 메뉴로 판매하고 있습니다. 저도 미션얼 삶을 진정성 있게 실천하는 목사님들처럼, 제 필요와 마을 주민들의 요구를 생각하며 살아가기 시작했습니다. 그 과정에서 제가 알고 있던 '생태'라는 개념이 더욱 풍부해지고 깊어졌습니다. 제가 사는 대구 달서구 이곡동은 대구의 모든 쓰레기가 모이는 곳입니다. 4km 반경 내에 대구의 매립지, 소각장, 하수처리장이 모두 위치해 있어, 주민들은 자연스럽게 환경과 생태에 대한 높은 감수성을 갖게 되었습니다. 이러한 생태적인 문제 가운데, 외국계 자본이 성서공단 내에 폐목재 소각 열병합발전소를 건설하려는 계획에 주민들이 단합하여 반대 운동을 펼쳤고, 결국 승소했습니다. 이 경험을 통해 우리는 일상에서 일어나는 생태, 환경 의식을 통해 실제 삶 문제 해결로 이어질 수 있음을 깨달았습니다. 이러한 생태 문제는 이제 전 세계적인 기후위기로 확대되었습니다. 20세기 초부터 2016년까지의 평균 기온 변화를 살펴보면, 우리가 추구해 온 편리하고 풍요로운 삶이 지구 온난화에 미친 영향을 분명히 볼 수 있습니다. 배나무골 마을교육공동체 와룡배움터 선생님들과 함께 이러한 기후위기 데이터를 연구하며, 저 또한 지금까지 몰랐던 생태적 삶을 배우게 되었습니다.

오이코노미아의 생태경제, 미션얼 언어를 만나다

하워드 스나이더 목사님의 『참으로 해방된 교회』라는 책에서는 '생태'라는 단어의 어원을 명확히 설명하고 있습니다. 에베소서 2장에 나오는 '오이코노미아(oikovoμía)'(경륜)라는 단어는 큰 포부를 가지고 일을 조직하고 계획하며 세상을 다스리는 것, 또는 이에 필요한 경험이나 능력을 의미합니다. 즉 하나님께서 세상을 다스리고 조직하시는 뜻을 담고 있습니다.

이 단어의 어원을 살펴보면:

1. 오이코스(οἶκος): 우주, 즉 하나님의 집

2. 오이코도메오(οἰκοδομέω): 집을 짓다, 건축하다

3. 오이코도메(οἰκοδομή): 직접적으로 건물을 세우는 행동

4. 오이코노모스(οἰκονόμος): 집을 가꾸는 청지기

이중 '오이코노모스(οἰκονόμος)'가 현재 '경제'(이코노미)의 어원이 되었고, '오이콜로기아(οἰκολογία)'(집안 살림 학문)가 '생태'의 어원이 되었습니다. 따라서 생태와 경제는 모두 '하나님의 집'이라는 공통된 어원에서 출발했음을 알 수 있습니다. 생태와 경제는 동등한 의미를 가지고 있습니다. 그런데 현대 자본주의 사회에서는 생태와 경제를 대립적으로 바라보는 경향이 있습니다. 하나님의 집을 돌보는 청지기로서의 역할보다는 효율과 이익을 중시하는 자본의 관점에서 생태와 경제를 평가하게 되었습니다. 무한한 자본을 추구하는 욕망이 결국 욕심을 변질되고 그 욕심으로 인해 인류는 기후위기라는 심각한 도전에 직면하게 되었습니다.

성경은 하나님의 경륜 안에서 경제와 생태의 의미를 새롭게 이해하라고 가르칩니다. 이는 단순히 의식주를 해결하는 차원을 넘어, 모든 생명체가 어떻게 살아가고 에너지를 나누며 공존하는지에 대한 하나님의 뜻을 포함합니다. 일상생활 속에서 하나님의 주되심을 인식하고, 생태와 경제를 하나님의 경륜 안에서 돌보는 삶을 살아갈 때, 사회적 관계 속에서 신뢰가 형성되고 생태계도 회복될 수 있습니다. 반대로 이기적인 욕심은 죄를 낳고, 그 결과로 현재 우리가 경험하고 있는 기후위기와 같은 '사망'에 이르게 됩니다. 이러한 생태적 관점을 와룡배움터 선생님과 마을 사람들과 나누면서, 하나님의 집에서 시작되는 생태와 경제의

언어를 통해 하나님께서 주신 일반 은혜로 살아가는 마을 사람들의 삶의 의미와 가치를 재해석할 수 있었습니다. 또한 배나무골 마을 사람들을 통해 협동하는 사회적 경제부터 기후위기 비상 행동까지, 이 모든 활동의 의미를 하나님의 집과 경륜이라는 큰 그림 속에서 재발견하게 되었습니다. 우리는 일상의 작은 부분부터 시작해 에너지 생산 방식에 이르기까지, 진정한 생태경제적 관점에서 어떻게 살아가야 할지 면밀히 계산하고 생명을 살리는 삶의 방식으로 전환해 나가야 합니다.

한 예로 현재 우리 사회는 의사 증원 문제로 갈등을 겪고 있습니다. 저는 몸을 다루는 의사 증원에서 대해서도 이렇게 온 나라가 시끄러운데 기후위기 시대에 농부의 중요성에 대해서도 생각해야 하지 않을까? 농부의 가치와 의미가 사라지는 이 시점에 기후위기 시대에 농부의 역할은 의사만큼이나 중요하다는 생각을 했습니다. 하나님의 집을 돌보는 청지기적 관점, 즉 생태경제적 관점에서 볼 때, 의사 증원만큼이나 농부들의 삶의 가치를 존중하고 이에 대해 논의하는 것이 필요합니다. 이러한 논의를 교회가 앞장서서 이끌어야 하지 않을까요? 생각이 꼬리에 꼬리를 물고 이어졌습니다.

저는 보냄 받은 마을이라는 삶의 공간을 통해 생태경제라는 관점을 주되심의 확장된 의미로 새롭게 이해하게 되었습니다. 지난 20년간의 일상생활 신학관점을 일상과 신앙의 진정한 통합을 추구하는 생활신앙고백으로서 생태경제라는 관점으로 구현될 수 있음을 깨달았습니다. 이는 예배당 안에서부터 시작하여 세상 속에서 어떻게 살아내야 하는지에 대한 21세기 한국 교회의 중요한 하나의 이정표가 될 수 있음을 깨달았습니다. 21세기의 시장신학은 생태경제라는 언어를 구체적인 삶의 현장에서 실천하는 것으로 구현되어야 합니다. 흥미롭게도, 이러한 삶의 모습을 와룡배움터 마을공동체에서 실제로 보고 배울 수 있었습니다. 이를 통해 하나님께서 이미 예수 그리스도를 인정하지 않는 마을 사람들 사이에서도 일하고 계심을 깨달았습니다.

하나님이 일하시는 와룡배움터

제가 살아가고 있는 와룡배움터는 2004년, 부모 공동품앗이 교육으로 시작되었습니다. 성서학부모회를 통해 공단지역의 교육 문제로 고민하던 학부모들이 모여, 방과 후 아이들을 돌보는 공동체를 만들었습니다. 당시 보편적인 방과 후 교실이 없던 시기, 엄마들은 돌아가며 아이들과 시간을 보내며 학교에서 다루지 않는 생태놀이, 미술, 연극 등의 활동을 제공했습니다. 함께하는 부모님들은 주로 공단지역 노동자들이었고, 전교조 선생님들과 대구 지역 시민운동가들도 함께했습니다. 이러한 배경으로 와룡배움터는 생활민주주의 운동의 일환으로, 마을에서 협동하며 살아가는 마을경제의 가치를 실천하게 되었습니다.

저는 2014년부터 생태놀이 선생님으로 와룡배움터에 합류하여 아이들과 상자텃밭과 전통놀이를 함께 했습니다. 놀랍게도, 제가 가진 선교적 언어인 '생태'와 '경제'의 개념을 와룡배움터 운영진들이 이미 잘 이해하고 실천하고 있었습니다. 그들은 농도상생을 위한 먹거리 운동을 펼치고, 건강한 식재료로 만든 반찬을 바자회에서 판매하여 운영기금을 마련했습니다. 나아가 '우렁이 밥상'이라는 반찬가게를 마을기업으로 설립해 행정안전부 마을기업 경진대회에서 1등 상을 받기도 했습니다. 지난 20년 동안 와룡배움터는 지자체의 직접적인 지원 없이, 주민들의 힘으로 운영되어왔습니다. 아이들의 교육에서 시작해 마을 주민들의 삶 문제까지 함께 고민하며 성장해 온 이 공간을 만나게 된 것은 제게 큰 은혜였고 말로만 아닌 직접 몸맘삶으로 미션얼을 경험했습니다. 2016년부터는 와룡배움터를 마을방과후 학교에서 누구나 마을사람들이 배우고 가르치는 마을교육공동체 공간으로 변화되는 과정에 운영위원으로 참여했습니다.

와룡배움터 운영위원들은 생태경제적 관점에서 지속 가능한 마을 살림과 삶의 회복력에 대해 고민하고 연구했습니다. 그런 가운데 서울의 마을공동체 운동이 대구에 영향을 미치면서, 대구마을공동체만들기 자원센터를 통해 와룡배움터도 더욱 활발한 마을교육공동체로 성장했습니다. 제 개인의 필요와 운영위원들의 욕구, 그리고 마을 주민들의 새로운 비전이 만나 함께 배우고 나누는 삶을 추구하게 되었고, 이는 와룡배움터와 제가 함께 크게 성장하고 성숙하는 계기가 되었습니다.

이 과정을 통해 배나무골 마을 주민들의 신뢰를 얻게 되었고, 이제는 저 역시 이 마을의 일원이 되어 함께 살아가고 있습니다. 처음에는 기독교 공동체를 바탕으로 한 생태교육공동체를 꿈꾸었지만, 하나님께서는 제게 아무도 가지 않은 미션얼의 길을 보여주셨습니다. 예수 그리스도를 만나지 못한 마을 주민들과 함께 생태경제라는 언어로 복음을 재발견하며 이웃으로 더불어 살아가는 미션얼 삶, 바로 그 길이었습니다. 이는 제게 미션얼 삶의 실제적 경험이었습니다. 교회가 잃어버린 생태경제의 언어를 삶으로 보여주고 기억하게 하는 그리스도인이 되어야 한다는 깨달음을 얻게 되었고, 와룡배움터를 통해 저는 단순한 교육공간이 아닌, 하나님 나라의 가치를 실천하고 지속 가능한 삶의 모델을 제시하는 살아있는 선교의 장을 경험하고 있습니다.

와룡배움터가 마을교육공동체로 전환하면서, 이때까지 엄마 중심 공간에서 아빠들도 이곳을 '제3의 공간'으로 누리게 되었습니다. 월간 소셜다이닝 '식객', 걷기동아리, 명절 공동 행사, 연말 후원 행사 등을 통해 일터와 가정을 넘어선 새로운 삶의 공간이 마련되었고, 이를 통해 배나무골 주민들은 마을에서 지속적으로 살아갈 힘을 얻게 되었습니다. 그런 삶 가운데 대구시의 '마을나눔터' 공간 리모델링 사업을 통해 와룡배움터는 대구시 1호 마을 나눔터 공간으로 거듭났습니다. 다양한 마을 동아리 모임과 활동이 이곳에서 이루어지면서, 새로운 마을공동체 관계가 형성되었습니다.

'삶 해석력'과 '삶 회복력'을 가지게 하는 미션얼 삶

이런 마을교육공동체 삶을 통해 저는 한국 교회의 예배당 중심 신앙생활과 유사하게, 우리의 교육 또한 삶과 분리되어 있다는 점도 깨달았습니다. 저의 삶도 마찬가지지만 12년간의 공교육에도 불구하고 실제 삶의 문제를 해결하는 능력이 부족한 현실을 목격했습니다. 진정한 그리스도인이라면 성경을 통해 깨달은 진리의 말씀이 삶으로 이어지듯, 우리가 받은 교육의 가치와 힘이 삶을 해석하고 적용하는 데 필요하다는 것을 인식하게 되었습니다. 그래서 배나무골 선생님들과 함께 다양한 곳을 방문하고 사람들을 만나면서, 우리 마을에서의 '삶의 문제 회복력'이 곧 우리와 우리 아이들의 실질적인 교육 내용임을 깨달았습니다.

매주 모여 책을 읽고 토론하며 '삶의 해석력'을 키워가는 과정이 계속되었고, 이를 통해 목사로서의 제 역할이 말씀 해석을 넘어 마을 사람들의 삶을 해석하는 데 도움을 주는 것으로 확장되어야 함을 성령께서 깨닫게 하셨습니다. 또한 마을에서의 학습공동체 경험은 앞으로 평생학습으로 나아가야 할 진정한 의미와 방향을 몸소 깨닫게 해주었습니다. 마을의 평생학습이 항상 새로운 흐름을 민감하게 파악하고, 필요한 지식과 역량을 능동적으로 탐색하고 학습하는 자세가 중요함을 체득하게 되었습니다.

이러한 발걸음 가운데 저에게 선물이 찾아왔습니다. 2016년 대산농촌재단의 해외연수을 통한 퍼머컬처와 2019년 영국 토트네스의 전환마을운동을 직접 경험할 수 있었습니다. 퍼머컬처를 기반으로 한 전환마을운동은 기후위기 시대의 대안적 삶의 모델을 제시했고, 이를 통해 '생태경제'라는 오이코노미아의 선교적 언어의 중요성을 재확인하게 되었습니다. 특히 영국 전환마을 토트네스의 '리코노믹 프로젝트'(로컬 기업가정신 포럼)는 기후위기 시대에 지역의 젊은이들이 자신의 삶을 기반으로 하여 어떻게 창업할 수 있는가에 대한 방안을 제시해 주었고, 이를 우리 마을에 적용하고 싶다는 열망을 갖게 되었습니다. 더불어, 코로나19 상황 속에 알게 된 '도넛경제학' 개념은 생태경제학적 관점에서 마을교육공동체의 방향을 재정립하는 데 큰 도움이 되었습니다. 이런 저의 평생학습 경험을 통해, 제 개인의 삶뿐만 아니라 마을 주민들의 삶도 함께 변화하는 공동체적 삶의 변화를 직접 체험할 수 있었습니다. 와룡배움터는 단순한 교육공간을 넘어, 지속 가능한 미래를 위한 실험실이자 삶의 현장으로 자리 잡았습니다.

미션얼한 마음으로 마을에서 살아가는 가운데 또 다른 미션얼 경험을 하게 되었습니다. 2016년부터 생태마을을 꿈꾸던 마을 모임이 있었습니다. 먼저 귀촌하신 분이 사업도 진행하시고 여러 사람들과 땅도 보러 다녔습니다. 그러다가 각자의 필요와 욕구가 다양하고 시기가 적절하지 않아서 흩어지게 되었습니다. 그러다가 2018년, 마을교육공동체 와룡배움터에 10여년 함께하고 있던 사람들이 의기투합하여 네 가정이 협력적 주거공동체 운동으로 '마을뜰'이라는 집을 짓게 되었습니다. 저도 그중에 한 가정이 되었습니다. 이는 엄마 공동품앗이로 시작해 15년간 함께 살아온 경험의 총 열매 짓기와 같았습니다 '마을뜰'을 통해 지금까지 함께해 온 교육과 먹거리로 함께하는 운동을 넘어 집이라는 공간을 통해 좀 더 느슨한 공동체 관계 속에서 '함께 따로' 살아갈 수 있는지 실험하게 되었고, 5년이 지난 2024년까지 네 가정이 오손도손 살고 있습니다. 또한『내 아이가 만날 미래』와『우리 아이의 미래를 디자인하는 7가지 질문』이라는 책을 통해 얻은 메이커 교육운동의 영감으로, '마을뜰' 1층에 마을메이커스 페이스 '놀삶'을 만들었습니다. 이곳에서 새로운 30-40대 엄마들과 함께 와룡배움터 초창기 모습처럼 공동교육품앗이 모임을 결성했습니다. '놀삶'의 철학은 놀이를 통해 좋아하는 것(흥미), 잘하는 것(기능), 의미 있는 것(가치)을 발견하고, 이를 통해 일과 삶의 균형을 찾는 것입니다. 이는 12년간의 마을교육공동체 경험을 바탕으로, 불확실한 미래 사회에 대비한 새로운 삶교육 패러다임을 만들어

보려는 시도였습니다. '놀삶'은 모험놀이터(좋아하는 것 찾기), 메이커 운동(잘하는 것 깨닫기), 전환마을운동(의미 있는 것 찾기)을 통해 새로운 배움과 가르침의 생애설계도를 그리는 공간이 되었습니다. 이러한 접근은 미래 사회에서 중요해질 '실패해도 괜찮다'는 마인드셋을 기르는 데 초점을 맞추고 있습니다.

저는 이 실패해도 괜찮다고 하는 삶 회복력이 앞으로 교회공동체가 가져야 할 세상에 대한 선교적 언어임을 깨달았습니다. 생명을 살리는 회심의 공동체로 살아가기 위해서는, 하나님 다음으로 사람을 귀하게 여기며 실패를 두려워하지 않는 태도가 중요합니다. 특히 불확실성이 가득한 기후위기 시대 속에 직면한 실패의 상황에서 더욱 의미가 있습니다.

기후위기 속에 교회소통언어 생태경제

1972년 로마클럽의 "성장의 한계" 예측보고서가 30년 동안의 실제 통계를 통해 성장의 한계에 직면했다는 것을 입증하는 개정판이 나오면서 재평가 받았습니다. 2000년대 들어 전 세계적으로 지속 가능한 삶에 대한 고민이 깊어졌습니다. 이러한 흐름은 기업 경영에서 ESG(환경, 사회, 지배구조) 개념의 등장으로 이어졌고, 현재 한국의 대기업들도 ESG 경영보고서를 작성하며 지속가능성을 추구하고 있습니다. 저는 지속가능발전교육과 전환마을운동의 9가지 요소를 배나무골 주민들과 함께 공부하며, 우리 마을의 지속가능성을 탐구했습니다. 이를 바탕으로 다른 지역에서 전환마을운동 워크샵을 진행하기도 했습니다. 덴마

크의 브론비 하브비 생태마을 조성사례(https://ilyo.co.kr/?ac=article_view&entry_id=395042)처럼, 지속가능성을 기반으로 한 도시 설계의 중요성도 인식하게 되었습니다.

현대 사회는 속도보다는 방향성을 중시하며, 지구의 삶 회복력을 위해 노력하고 있습니다. 이러한 흐름 속에서 우리 그리스도인들은 미션얼 언어와 삶인 오이코노미아의 생태경제적 관점으로 중요한 역할을 할 수 있습니다. '지속가능성'과 '전환'이라는 세속적 개념을 '영생', '회심', '구원'의 기독교적 의미로 세상 속 언어로 해석하고 적용할 수 있습니다.

기후위기에 대한 해답은 각자의 살아가는 일상에서 그리스도인들의 생태경제적인 생활신앙고백에서 그 해답을 찾을 수 있습니다. 동시에, 생태경제 언어를 먼저 이해하고 실천하는 세상 사람들로부터 겸손히 배우며, 예수님의 구원을 삶으로 살아내는 증인이 되어야 합니다. 선교적 삶은 단순한 말이나 설교를 넘어, 일상에서 하나님의 집을 돌보는 몸과 마음으로 복음을 증명하는 것입니다.

이런 부분에 일상생활사역연구소(1391korea.net) 소장이자 미션얼닷케이알(missional.kr) 대표이신 지성근 목사님이 번역하신 마이클 프로스트와 앨런 허쉬의 『새로운 교회가 온다』에서 제시된 성육신적 교회론은 이러한 선교적 삶의 중요성을 강조합니다. 우리에게는 교회당에서 일상으로, 교인에서 세상 이웃으로 보냄받은 그리스도인이 필요합니다. 주일에서 주의 모든 날로, 종교적 형식의 예배에서 삶의 예배로 나아가는 시간의 성육신적 관점이 필요합니다. 또한, 우리의 필요를 넘어 세상 이웃의 필요를 채워가는 공간의 성육신도 중요합니다. 결론적으로, 저는

21세기의 선교적 삶의 나침반으로서 성육신적 교회론이 재발견되어야 한다고 믿습니다. 이는 미션얼 삶의 본질을 담아내는 새로운 일사각오 정신이 될 것입니다.

미션얼 제자도로서 예수 그리스도 '앎함됨'

우리는 하나님께 부름 받고 세상의 복을 위해 보냄 받은 하나님의 백성입니다. 저는 이 보냄 받은 삶의 자리에서 삼위 하나님의 경륜을 미션얼 관점과 선교적 언어로 해석하며, 오이코노미아/생태경제와 리코노믹(REconomy)이라는 개념을 통해 하나님의 뜻에 동참하고 있습니다. 이 과정에서 예수 그리스도의 성육신을 본받는 교회의 모습을 미션얼 삶의 나침반으로 삼고 있습니다.

배나무골 마을 사람들의 삶은 하나님의 일반은혜를 보여주는 살아있는 증거였습니다. 그들의 사려 깊은 삶은 우리 그리스도인의 십의 구 생활신앙을 어떻게 실천해야 하는지 가르쳐 주었고, 저는 이를 성육신적 태도로 겸손히 배웠습니다. 동시에 성령님의 인도하심으로, 저는 배나무골 사람들이 하나님의 특별은총이신 예수 그리스도를 만나고 재발견할 수 있도록 돕는 역할을 해야 함을 깨달았습니다. 이는 단순한 사랑의 나눔을 넘어, 예수님의 "그럼에도 불구하고, 죽기까지 경계와 선을 넘는" 무례하고 초월적인 사랑을 증언하는 예수님의 제자가 되어야 함을 의미합니다. 이러한 맥락에서 우리 마을의 예배공동체로 제가 함께하고 있는 '함께나누는교회'는 예수 그리스도를 주인으로 모시고, 하나님의 집을 가꾸는 하나님의 경륜을 따르는 공동체로 존재하고 있습니다.

앞으로 세상과 한국 교회는 새로운 도전에 직면할 것입니다. 포스트 코로나 시대 문제 앞에 우리의 몸을 통한 삶터에서 생활신앙고백이 필요합니다. 인공지능과 로봇으로 인한 새로운 일의 변화 가운데 생태경제적인 관점에서 하나님의 집을 가꾸는 노동의 가치를 재정립해야 합니다. 기후위기 시대 속에 리코노믹의 관점으로 지구와 자연에 대한 우리 모두의 책임과 의무를 새롭게 재정립하고 살아야 합니다. 이러한 시대적 요구에 부응하기 위해, 저는 배나무골 마을 사람들과 마을교육공동체 와룡배움터를 통해 '앎', '함', '됨'이라는 삶 교육의 여정을 새롭게 발견하고 미션얼의 언어로 '몸맘삶'에 담았습니다. 이는 단순한 직업 선택이나 경제적 안정을 넘어, 전체 삶의 문제를 해결하는 태도를 갖추는 것입니다. 그리스도인의 앎과 함과 됨은 자기 의가 아닌 하나님 나라의 의를 위해 살아가는 여정입니다. 이 하나님 나라의 의는 예수 그리스도의 제자도로서 세상 속에 알려집니다. 예수그리스도의 앎이 우리의 일상의 의식주를 행하는 몸의 회심으로 살아내고, 예수 그리스도의 함이 우리가 보냄 받은 구체적인 일과 삶을 통한 행동으로 보여지고 예수 그리스도의 됨이 하나님의 집을 맡은 청지기됨으로 예수님의 삶을 증명하는 것입니다. 저는 이것을 미션얼 제자도라고 부르고 싶습니다. 그리고 그 '앎함됨'을 통해 하나님이 이미 세상 속에 만들어 가시는 하나님의 안전망 만들기에 동참하고자 합니다.

'REconomic Life'

특히 다음과 같은 세 가지 삶·교육 영역에서 미션얼 삶을 실천해 나가는 것이 필요합니다.

성교육(앎): 초고령화 인구절벽 속에 생명 돌봄으로서 몸에 대한 이해(앎)

경제교육(함): 새로운 일터의 환경 속에 몸·맘·삶의 빵을 함께 나누는 살림살이(함)

생태교육(됨): 기후위기 속에 영생을 누리며 사는 하나님 집의 청지기(됨)

앞으로 대구 달서구 이곡동 와룡배움터에서 시작되는 저의 미션얼 2기 삶은 'REconomic Life'입니다.

마을 사람들은 여전히 다음과 같은 질문들을 던집니다.

"도대체 그대들이 믿는 하나님은 어디 있는 거야?"

"코로나19와 같은 상황 속에 하나님 나라가 존재해?"

"이 불확실하고 위기 가득한 시대 속에 교회공동체는 무엇을 준비하고 있지?"

"청년들의 불확실한 삶을 해석하고 문제 해결력을 키우는 데 교회는 뭐하고 있는지?"

이런 질문 앞에, 우리 그리스도인들은 지속적으로 하나님의 경륜을 구하고, 우리 자신부터 시작하여 이웃들의 필요와 욕구를 채워가며, 지금 살아가는 보냄 받은 삶의 자리에 역사하시는 삼위 하나님의 모습을 주의 깊게 관찰해야겠습니다. 그리고 하나님의 집을 가꾸는 세상 가운데 전환을 해나가는 사람들과 함께하며 보냄 받은 사람, 미션얼 사람이 되어야겠습니다.

하늘샘교회
"삶으로 세우는 교회, 주일과 주중 사이에서"

이영우 목사
하늘샘교회

"사실 언제나 타락은 황금에서 온다. 광야의 교회는 금송아지 숭배로 타락되었다. 그로 인해 현상 유지를 원하는 기풍이 교회 안을 채워 버렸고, 그러니 가나안의 소망이 '안 나가'의 현상 유지로 타락해 버렸다. 이상하게도 '가나안'이 거꾸러지면 '안 나가'가 되지 않는가! 오늘의 한국 교회의 특징을 말한다면 '안 나가'라는 부대다. 빠져나간 것이 아니라 내쫓은 것이다."

독립운동가이자 민주 투사로 역사의 궤적을 이어오신 고 함석헌 선생께서 1983년 〈한국 기독교는 무엇을 하려는가?〉라는 글에 남긴 당시 한국 교회를 짤막하지만 굵직한 울림으로 진단한 대목이다. 정확히 41년 전, 선생께서는 오늘의 한국 교회를 놀라우리만치 정확하게 진단했다. 하지만 함석헌 선생의 교회를 향한 진단은 교회의 문제로만 볼 수 없고, 진단의 더 뼈아픔이 세상을 주도하고 이끌어야 할 교회의 방향성과 목적마저도 상실했다는 것이다.

2020년 전까지만 해도 자유민주주의 사회를 살아가는 기독교인들, 특히 한국 기독교인들에게 상상도 할 수 없던 정부의 현장예배 강제 정지조치가 있었다. 물론 세계적인 팬데믹으로 어쩔 수 없는 상황이었다고는 하나 그런 조치는 공산주의나 사회주의 사회에서나 볼법한 조치로 적어도 자유민주주의 사회를 살아가는 그것도 자본주의를 선도하는 나라 중 한 곳인 우리나라에서 그런 일이 있었다는 것은 놀랄 만한 일이기도 했다. 하지만 역사적인 전염병을 통해 우리가 깨닫는 한 가지는 세상이 아무리 첨단 과학 문명의 시대를 살아가도 사람은 여전히 나약한 존재라는 것이다.

더 놀라운 것은 '코로나19'사태는 우리 사회 전반에서뿐 아니라 철옹성과 같았던 교회마저도 변화의 소용돌이에 휘청거리게 했다. '변화'를 마냥 부정적으로만 볼 수 없는 것이 변화는 꽁꽁 닫혀 있던 안일한 세계에 새로운 바람을 불러일으켜 또 다른 기회의 문을 연다. 문제는 그 '변화'란 것이 긍정적이기보다 부정적인 방향으로 훨씬 더 강하게 움직인다는 것이고, 그 부정적인 문제들은 마치 고차함수 같아서 그냥 더하기 빼기만으론 해결할 수 없다는 것이다. 그렇다고 문제를 넋 놓고 보고만 있을 순 없겠지만, 그만큼 문제해결을 위한 절실한 몸부림은 필요하다는 것이다. 문득 "피할 수 없으면, 즐기라!"라는 말이 생각난다. 급속한 변화가 우리의 익숙한 삶을 휩쓸고 있을 때, 그걸 그저 우울해하거나 주눅 들기보다는 낯선 변화를 희망으로 승화시킬 수 있는 방법을 모색할 수만 있다면, 특히 교회가 그런 방법을 찾고 대안을 제시할 때, 어쩌면 한국 교회는 새로운 기회를 얻게 될지도 모른다.

그러므로 교회는 지금까지 교회가 어떤 잘못된 관행을 가지고 있었는지, 무엇을 놓치고 있었는지를 냉철하게 고민해봐야 한다. 무엇보다 더 이상 눈에 보이는 수나 양이라는 규모의 교회에만 매몰되어서는 안 되고 보이는 양이나 수를 넘어, 보이지 않는 영적 가치를 세상에 제시함으로써 세상과 함께 상생하는 길을 모색하고 도모해야 한다. 언제? 바로 지금! 그렇다면 어디서, 무엇부터 시작해야 할까?

행위란 존재라는 전제 위에서 시작된다. 다시 말해, 행위라는 것은 그 존재가 어떤 정체성을 가지고 있느냐에 따라 달라진다는 것이다. 그런 의미에서 오늘 우리가 살아가는 대한민국은 어떠한가를 큰 틀에서 진단해 보는 것은 굉장히 의미 있는 일이다. 적확하게 진단된 현실 위에 교회가 존재하는 의미와 그 가치를 더할 때, 분명 '복음'은 새로운 지평을 열어가게 될 것이다. 그러면 혹자는 교회가 세상과 타협하는 것이냐고 오해할지도 모르겠다. 하지만 오해하지 말자. 교회가 존재하는 가장 근본 된 진리 명제는 복음으로 죽어가는 영혼을 구원하는 것이고, 교회는 죽음으로 치닫는 이 세상을 복음으로 녹여내는 곳임을 잊지 않고 있다. 다만 하나님께서 우리에게 선사하신 복음이라는 선물을 교회 안에만 가두어두지 말자는 것이다. 무엇보다 오늘이라는 세상 여기저기에 흩어진 숱한 문제들을 복음으로 자연스럽게 녹여 낼 때-그것을 '공동선'이라는 관점에서 바라볼 수도 있다. 그게 하나님께서 만드신 피조 세계를 지키는 하나님의 자녀들의 사명이 아닐까?

앞서 언급한 것처럼, 존재의 정체성에서 행위가 드러난다면, 교회가 세상속으로 들어가기 전 먼저 교회가 존재하는 본질적인 이유를 알아야 한다. 우리는 그것을 정통 신학의 '교회론'의 틀에서 "교회란 무엇인가?"라는 질문에 답을 하고, 그 이후 대사회적인 영향력이란 관점에서 교회를 새롭게 정의해 보고자 한다.

참고로 나는 신학자가 아니다. 다만 목회 현장에서 경험하고 고민한 것을 녹여내고자 하는 것임을 유념해 주었으면 좋겠다.

1. 오늘 우리가 살아가는 대한민국은 어떠한가?

1) 연결사회

매년 1월이면 미국 라스베이거스에서 세계 최대 가전·정보기술 전시회, 일명 "CES"라고 불리는 '소비자가전쇼'가 열린다. 올해는 1월 9-12일까지 'All Together, All On'(모두를 위한 모든 기술의 활성화)라는 슬로건으로 세계적인 기술이 한자리에 모였다. 이 행사를 보면, 앞으로의 기술이 어떤 방향으로 흘러갈 것인가를 예측할 수 있는, 특별히 해당 업계들에는 굉장히 중요한 행사이다. 2024년 올해 주요 주제는 '인공지능(AI)'이었다. 2023년에 AI 챗봇인 챗 GPT가 큰 반향을 일으켰는데, 올해는 '스스로 생각하는 AI'가 등장했다. 한동안 매출에서 고전을 면치 못하던 삼성 갤럭시폰이 AI를 탑재한 '갤럭시24'를 사전판매했었는데, 몇 해 동안 경험하지 못한 초대박을 쳤다고 한다. 그만큼 전 세계적으로 AI에 대한 관심이 지대하다는 것을 반증한다. 이제 더 이상 우리에게 AI라는 단어는 낯설지 않고, AI는 점점 우리 생활 중심으로 들어와 우리의 삶을 급격하게 변화시키면서, 지역과 지역, 나라와 나라를 아주 가깝게 연결시키고 있다.

2) 축소사회

그런데 이런 비약적인 과학 문명의 발전이 마냥 세상을 우리가 기대하는 유토피아로만 인도하는 것은 아니다. 희망 이면에는 또 다른 걱정거리가 따라오기 마련인데, 급격한 과학기술의 발전 못지않게 우리 사회가 급속도로 축소되고 있다는 것이다.

십 년 전까지만 해도 교회학교가 이렇게 빠르게 무너질 거라고는 생각지 못했다. 이제는 웬만한 규모의 교회에 세워졌던 교회학교가 사라지고 있고, 청년들마저 교회에 대한 매력을 상실하면서 청년 출석률이 급감하고 있다. 미래가 불투명하니 결혼이 늦어지거나 아예 결혼하지 않는 청년들이 늘어나고 있다. 결혼 비율이 급감하니, 자연스럽게 출산율도 떨어져 이제는 세계 최저 출산율을 보이고 있다. 초저출산은 향후 몇십 년 후에는 민족소멸론까지 대두될 만큼 우리의 미래를 암울하게 한다. 우리 사회가 기독교를 적대시하는 현상도 문제겠지만 더 심각한 것은 사회 자체가 축소됨으로써 인구의 토대가 무너지고 교회마저 그 위기를 고스란히 떠안게 된다는 것이다.

과연 교회는 급격하게 변화하는 연결사회와 축소사회를 어떻게 맞이하고 대응해야 할까?

2. 교회란 무엇인가?

앞서 언급한 연결사회와 축소사회라는 사회적인 변화는 극히 일부이고, 언급하지 않은 훨씬 많은 현실적인 변화와 과제들이 있는데, 세상에 산적한 과제는 세상 한가운데 있는 교회의 과제이기도 하기에 함께 고민해야 하는 것이다.

먼저 행동은 정체성에서 드러난다고 했는데, 교회가 세상의 선한 영향력으로 드러나기 위해서는 교회가 왜 존재하는지에 대한 본질적인 이유를 알아야 한다. 그래야 교회의 어떤 행위가 세상을 밝히는 빛인지, 소금인지를 알 수 있지 않겠는가? 그런 의미에서 교회가 어떤 곳인가를 정통 신학의 교회론적 관점에서 개략적으로 접근해 보자.

1) 예배

교회의 예배는 하나님께서 '예수 그리스도(구원자)'를 통하여 우리를 구원해 주심을 감사하고 구원의 은혜 아래 살아가는 믿음의 사람들이 몸과 마음과 뜻을 다해 하나님을 높이는 것이다(롬 12:1). 이것은 교회의 가장 본질적이고 일차적인 역할이다. 예수께서도 영과 진리로 하나님을 예배하라고 말했고, 또 하나님께서도 이렇게 예배하는 자를 찾으신다고 했다.

2) 교육

교회는 그리스도인의 삶의 표준이 되는 하나님의 말씀인 성경을 가르쳐야 한다. 예수님도 공생애 3년 동안 제자들을 뽑아 가르치셨고, 초대교회 사람들도 하나님의 말씀을 배우기 위해 열심히 모였다. 존 스타트의 말처럼 '하나님을 알아가는 지식'이 있어야 온전한 그리스도인으로 세워질 수 있다.

3) 전도

교회는 예수님이 그리스도(구원자)이심을 세상에 전하여서 영원히 멸망할 영혼들을 구원하는 일에 매진해야 한다. 유럽에 세워진 교회는 항상 도심 중앙에 있는 시청과 같이 있었다. 그것은 교회가 세상과 한가운데에 있어서 잃어버린 영혼을 구원하려는 적극적인 행위 아닐까?

4) 봉사

교회의 봉사는 하나님의 사랑과 은혜에 대한 응답이다. 하나님의 사랑과 은혜의 속성은 경험한 사람에게 고여만 있지 않다. 루터가 '흘러넘치는 사랑'이라고 말한 것처럼, 하나님의 사랑과 은혜는 경험한 사람에서부터 흘러넘쳐서 먼저 교회 안에 있는 하나님의 사랑과 은혜가 필요한 성도들에게 흘러가고, 또 교회 밖 사람들, 특히 가난하고 소외된 자들에게까지 흘러간다. 교회의 구제 사역이나 자선사업은 하나님을 사랑하고 이웃을 사랑하라는 하나님의 명령에 대한 순전한 응답이다.

5) 친교

예배가 끝난 이후, 은혜 아래 모인 성도들은 더 이상 그냥 세상적인 범인이 아니다. 은혜와 사랑에 젖은 마음으로 가장 가까이에 있는 성도와의 교제를 나누고, 은혜 아래 모인 나눔은 세상 모임인 동호회나 이익단체와는 다르다. 그러므로 교회의 친교는 예배와 교육이라는 은혜의 결과물로 드러난다. 그런 성도들의 모임과 친교가 교회 담을 넘어갈 때, 세상에 선한 영향력이 될 수 있다.

3. 교회론 재정립

앞서 정통 신학적 관점에서는 교회를 소위 5대 본질-예배, 전도, 교육, 봉사, 친교—에서 접근한다. 그런데 교회의 다섯 가지 본질적인 역할론도 크게 두 가지로 구분해 볼 수 있는데, 그게 바로 교회의 차별성과 확장성이다. '예배'와 '교육'은 교회가 무엇인지를 분명하게 구별하는 교회만의 독특한 행위, 즉 차별성이라고 할 수 있다. 하지만 '전도', '봉사' 그리고 '친교'는 차별화된 교회를 세상 속으로 넓혀가는 또 다른 교회의 본질, 즉 확장성이라고 할 수 있다. 가령 예배나 교육을 통해 하나님께서 허락하신 신령한 은혜와 사랑은 예배나 교육 그 자체에 갇혀 있지 않다. 그 체험한 은혜와 사랑은 마치 물과 같아서 또 다른 곳으로 흘러간다. 굳이 사람을 늘인다거나 힘을 키우기 위함보다 사랑과 은혜의 속성 자체가 흘러넘치는 것이기에 세상 속으로 흘러가 선한 영향력이 될 수 있다. 그렇다면 그 은혜와 사랑은 어디로, 어떻게 흘러가야 할까? 특별히 급변하는 이 시대는 교회를 향해 무엇을 요청하고 있는 것일까?

그러면 우리가 맞닥뜨린 오늘이라는 세상의 현실과 세상 한가운데 존재해야 할 교회가 어떻게 해야 합력하여 선을 이룰 수 있을까?

4. 선교적 교회와 작은 도서관

1) 선교적 교회

근래 들어 '선교적 교회'에 대해 많은 논의들이 있음을 본다. 심지어 교단 총회에서도 '선교적 교회'에 대해 진지한 관심을 가지기 시작했다. 그러하기에 여기서는 선교적 교회에 대해 정의를 하거나 구체적인 논의를 하기보다는 선교적 교회에 대한 기본적인 틀에 기초한 사례를 들고자 한다.

선교적 교회란 프로그램이나 선교적 모델을 제시하려는 것이 아니다. 그렇다고 성장이나 부흥 전략과도 거리가 멀다. 선교적 교회는 교회의 본질과 정체성을 선교에서 찾으려는, 이 역시 교회의 본질적인 행위라고 할 수 있다. 하나님은 보내시는 분이시다. 세상을 구원하시기 위해 아브라함을 통해 언약을 맺으셨고 모세와 예언자들을 보내셨으며, 급기야 하나밖에 없는 하나님의 아들 예수를 세상에 보내셨다. 예수는 하나님 아버지께서 자신을 보내셨다는 것을 알았고 아버지와 아들은 다시 보혜사 성령을 보내셨다. 예수는 아버지가 자신을 보내신 것처럼, 그의 제자들을 세상으로 보내셨다. 교회 역시 스스로가 선교의 주체가 아니라, 하나님께서 세상에 보내신 선교적 공동체이다. 그러므로 선교적 교회의 주어는 항상 하나님이시다. 하나님께서는 보내시는 분이시고, 교회는 세상 속으로 파송된 선교적 공동체로 세상 한가운데에서 복음으로 스며들고 녹여내며, 세워간다. 무엇보다 선교적 교회는 특별한 프로그램에 매몰되지 않는다. 지역사회에 뿌리를 내리고 지역 공동체의 한 일원으로 필요한 일에 헌신하는 것이므로 특정한 형태-정형화된 교회 건물, 교육관-의 교회만을 고집하지 않는다. 그러다 보니, 선교적 교회는 다양한 모습과 형태로 세상과 소통하고자 교회 공간을 카페, 혹은 도서관, 공연장으로 만들어 교회란 보이는 건물만이 아님을 말하는 동시에, 교회의 문턱을 낮추어 공유 공간으로서 지역사회와 실질적인 소통의 장을 만들어가며 지역사회를 섬긴다.

2) 지역사회에 불고 있는 작은 도서관 바람

문득 독일 유학 시절, 자주 찾았던 도시 하이델베르크가 생각났다.

하이델베르크는 고풍적인 도시로 독일의 유명한 관광지 중 한 곳이지만 독일 최초의 대학이 세워진 도시로도 유명하다. 그 도시를 방문할 때마다 '철학자의 길'이란 곳을 찾아 그 길을 걸으며 생각을 정리하거나 마음을 추스르곤 했는데, 제법 높은 지대에 위치한 '철학자의 길'에서 내려다보는 강 건너 고풍스러운 도시 전체의 모습은 왜 철학자들이 이곳을 사랑했는지를 절로 느낄 수 있다. 철학이 더 철학다움은 자연에서 뿜어내는 기운을 체험할 때에야 비로소 그 가치를 발산할 수 있다. 특별히 독일이 매력적인 것은 철학이 문화로 자리매김했다는 것이다.

'문화'란 하루아침에 만들어지는 것이 아닌, 오랜 시간 동안 사회 구성원에 의해 습득, 공유, 전달되는 행동 양식이나 생활양식의 결과물이다. 다시 말해 '문화'란 '삶' 그 자체다. 그런 관점에서 보면, 독일이 왜 철학의 나라인지, 광활한 영토를 자랑하지 않아도 여전히 세계 정상의 자리를 지킬 수 있는지를 생각하게 된다. 그런데 요즈음 우리나라 지역 사회 속에 독일의 철학적인 삶을 더 이상 부러워할 필요가 없게끔 작은 도서관 바람이 일고 있다. 얼마 전까지만 해도 읽고 싶은 책이 있으면, 먼 서점을 찾아가거나 공공 도서관을 방문해야 했다. 하지만 언제부터인지 동네마다 세워지는 작은 도서관에서 쉽게 책을 손에 잡을 수 있게 되었다. 이건 이미 선진국에 진입한 우리나라가 모두를 평균케 하는 복지를 넘어 윤택한 삶을 지향하는 문화에 집중하고 있다는 증거이고, 무엇보다 작은 도서관을 통해 시대 공감을 잘 담아내고 있다는 의미이기도 하다.

(1) 작은 공룡

도시 중심에서 살다 몇 해 전 도시 외곽으로 이사를 했다. 이사를 한

후, 가장 불편했던 것이 대형마트를 자주 갈 수 없다는 것이었는데, 그것도 어느새 잊혀졌다. 그도 그럴 것이 도처에 세워진 현대판 구멍가게인 편의점 때문이다. 동네 편의점을 방문하면, 작지만 다양한 물건들이 구비되어 있다. 동네 편의점을 볼 때마다 작은 도서관이 생각난다. 대형마트와 편의점의 존재가치가 다르듯, 굳이 작은 도서관을 공공 도서관과 비교할 필요는 없다. 공공 도서관이 존재하는 가치가 있듯, 작은 도서관도 작은 도서관으로서 나름의 의미 있는 가치를 가지고 있다. 10평에서 30평 사이의 공간에 세워진 동네 작은 도서관은 많은 비용을 투입하지 않고도 문화 소외지역이나 서민 주거지역을 또 다른 품격의 동네로 만들 수 있다.

큰 공룡만 공룡이 아니라 작은 공룡도 공룡이듯, 작은 도서관은 작은 도서관으로서 생각지도 않을 위용을 발산할 수 있다.

(2) 콘크리트 문화 속 여백을 채울 사랑방

어느 날, 부산 해운대를 방문하고선 엄청 놀랐다. 어릴 때, 해운대와는 사뭇 다른 모습이었는데, 밤에 보는 해운대는 고층건물들이 즐비한 한국판 맨해턴이었다. 도시의 상징인 고층건물은 콘크리트 덩어리인데, 그 딱딱하고 삭막한 도시화의 상징인 콘크리트문화는 우리의 감성을 참 많이도 앗아갔다. 그런데 그런 콘크리트문화 한가운데 세워진 작은 도서관은 우리의 이성과 감성을 새롭게 자극한다. 흩어졌던 사람들을 모으고 딱딱하고 차가워진 마음을 녹여 삶을 나누며, 그 옛날 사랑방의 향수를 자극한다. 그래서 감히 말한다. 작은 도서관은 콘크리트 한가운데 세워진 사랑방이라고 말이다.

(3) 작은 공룡이 발산하는 다이내믹

작은 도서관이 작은 공룡이라 불릴만한 또 다른 이유가 있다. 왜냐하면, 작지만 그 공간에서 십진 분류표에 따른 다양한 활동을 할 수 있다. 영아를 대상으로 한 북 스타트 교육 프로그램이나 소리 박자 교실, 유아와 유치원생을 대상으로 한 그림책 이야기와 책 읽어주기뿐 아니라 다양한 연령층을 위한 프로그램들이 펼쳐진다. 성인들에게는 문예교실, 노인들에게는 도예체험, 판소리 등 음악, 미술뿐 아니라 다양한 문화교육의 향연이 펼쳐지는 곳이 바로 작은 도서관이다. 콘크리트 한가운데에서 이런 색다른 활동을 마음껏 펼칠 수 있는 곳이 작은 도서관이라고 한다면, 굳이 작은 도서관의 가치를 논할 이유가 있을까?

(4) 시대의 화두, '공유'를 가로지르다.

작은 도서관이 필요한 그 어떤 이유보다 더 부각되는 것은 바로 '공유'이다. 전 세계적으로 도시는 급속도로 증가하고 있는데, 인구 밀집 지역인 도시에는 공간 부족이라는 아우성이 있다. 이런 공간 부족에 대한 공간 재구성을 논의하기 시작했다. '공유오피스', '에어비앤비'라는 공유주택, 우버와 같은 공유 택시 등 '공유'는 시대적 화두가 되었다. 그런 관점에서 작은 도서관은 작은 공간에서 다양한 공유가 실현되고 있다. 사랑방에서부터 다양한 활동의 장이 펼쳐지는 공유의 장소가 바로 작은 도서관이다.

3) 하늘샘작은도서관

제가 굳이 작은 도서관의 필요성에 대해 상세하게 언급한 것은 작은 도서관의 취지 속에 선교적 교회가 지향하는 교회의 가치를 발견했기 때문이다.

초등학생 시절, 교회학교 여름성경학교 때, 교회에서 보여준 만화영화가 생각난다. 당시, 큰 벽면에 화면을 띄워 영화를 볼 때, 얼마나 신기했는지 모른다. 그때, 영화를 본 친구들은 교회 다니는 친구뿐 아니라 교회에 다니지 않는 동네 아이들도 있었다. 굳이 말하자면, 바로 그 영화보는 장소가 선교적 교회가 아니었을까?

추억이라고 말하기에는 너무 기분 좋은 기억인데, 하늘샘교회는 이왕에 지역사회와 함께 하는 교회이고자 함에 작은 도서관으로 선교적 교회를 세웠다. 교회 공간을 작은 도서관으로 만듦으로써 주중 비어 있던 공간이 지역사회에 개방될 뿐 아니라 공간적 공유를 넘어 정신적 공유(은사를 가진 성도를 적극 활용)도 함께 하게 되었다. 어쩌면 작은 도서관은 교회가 지역사회에 교회의 문턱을 낮추는 신호탄이 될 수도 있다. 물론 도서관을 한다고 처음부터 사람들이 몰려오지는 않는다. 하지만 작은 도서관을 통해 교회가 지역사회를 향해 문을 열고 세상과 함께하려는 그 진정성을 조금이라도 알아준다면, 그게 바로 하나님께서 우리를 지역사회로 보내신 선교사로서의 삶이자, 우리가 궁극적으로 전하려는 '복음' 전도의 삶이 아닐까?

(1) 보드게임과 함께 떠나는 신나는 여행

하늘샘작은도서관 주변 아파트 단지에 도서관에서 개최한 보드게임 특강에 아이들이 몰려들었다. 물론 그 아이들은 전혀 하늘샘교회와는 상관없는 순전한 지역사회에 살고 있는 아이들이다. 그 아이들이 지금 있는 곳은 하늘샘교회이자 하늘샘작은도서관이다. 아이들이 교회를 다니든 다니지 않든, 엄연한 현실은 그들이 하늘샘교회에 있다는 것이다. 거기서 그들은 함께 모여 웃고 떠들면서 하나님 나라를 만들어가고 있다. 성령의 은혜로 가득 채워진 공간을 세상과 공유할 때, 또 다른 하나님 나라의 역사가 펼쳐지는 것이다.

독서동아리

보드, 그림책과 통하다

그림책과 함께하는 종이접기

⑵ 스마트폰과 함께 열어가는 세상

하늘샘작은도서관에서 고령층을 위해 스마트폰 기초교육을 개최했다. 생각보다 많은 어르신들이 관심을 가졌고, 주변 아파트 거주자들이 등록했다. 처음에는 도서관 내 십자가에 거부반응을 보이는 분도 있었지만, 막상 도서관 안으로 들어와 보니 전혀 어색하지 않다는 반응을 보이면서 강좌가 마칠 즈음에는 작은 도서관이 이곳에 있어서 참 좋다는 반응이 있었다.

이 프로그램을 통해서도 교회 공간을 작은 도서관으로 세워가는 것이 선교적 교회로서의 가치를 충분히 드러낼 수 있다고 생각했다.

⑶ 지자체와의 콜라보

하늘샘작은도서관은 서울시 서초구 관내에 있다. 처음 작은 도서관을 세웠을 때, 담당 공무원들은 교회라는 선입견을 가지고 있었다. 하지만 여느 작은 도서관처럼 일상을 투명하면서 되도록 교회가 아닌 순수 민간단체가 운영하는 작은 도서관으로 자리매김하도록 노력했다. 작은 도서관을 세우고 3년 즈음 지났을 때, 담당 공무원으로부터 작은 신뢰를 얻었고 우수도서관으로 선정되는 기쁨도 경험했다. 우수도서관으로 선정되면, 도서비 지원과 더불어 다양한 프로그램 지원 혜택도 받게 된다.

지금까지 교회는 교인 수가 얼마나 되는지, 규모는 얼마나 되는지로 교회를 정의했다. 물론 교인 수나 양으로 교회의 영향력을 키울 수 있음을 부인하지는 않는다. 하지만 그러지 못한 현실 속에 있는 수많은 작은 교회들은 수나 양으로 세워져 가는 교회들과 똑같이 할 수 없다. 좀 더 냉정하게 오늘이라는 세상 속에서 내가 섬기는 교회는 어떤 교회이어야 하는가를 고민해야 한다. 그런 관점에서 작은 도서관을 통해 선교적 교회로 세워져 감은 또 다른 은혜와 희열이 있다. 좁지만 교회 공간을 작은 도서관으로 열어줌으로써 지역 주민들과 공유하는 사랑방이 될 수 있다면, 사람과 사람, 사람과 문화가 공유하는 장이 될 수만 있다면, 작은 도서관은 파편화되고 경직된 21세기를 구원할 노아의 방주로서 충분한 가치가 있다고 생각한다.

5. 돌봄교실과 디아코니아

'디아코니아(봉사)'는 앞서 언급했던 교회의 다섯 가지 본질적인 사명 중 하나이다. 하지만 현실은 디아코니아를 교회의 본질적인 사명 중 하나인 '봉사' 그 자체로 보기보다, '예배', '전도', '교육'을 돕는 하나의 수단으로만 보는 경향이 강하다. 필자도 '디아코니아'가 무엇인지를 독일 유학 중에 알게 되었는데, '디아코니아'는 이미 독일과 북유럽에서는 200년 전부터 '디아코니아 신학'으로 자리매김하고 있었다. 디아코니아 신학을 접하면서 나의 신학이 얼마나 미천한가를 새삼 깨달으면서 '신학'의 깊이가 얼마나 깊고 놀라운지에 고개가 숙여질 뿐이다. 놀라운 것은 한국 교회는 여전히 '디아코니아'라는 단어가 생소하다. 그렇다고 '디아코니아 신학'을 구체적으로 논하기에는 지면의 한계가 있다. 그러므로 여기서는 '디아코니아'의 개략적 개념과 더불어 사례를 통해 디아코니아의 의미를 살펴보고자 한다.

1) 디아코니아 신학

교회는 하나님 사랑과 이웃사랑을 실천함에 그 의미가 있다. 그러므로 교회에서 예배와 교육을 통해 하나님의 구원과 은혜, 사랑을 경험한 자들은 교회 안에서부터 세상에 있는 모든 사람에게까지 하나님의 구원과 은혜와 사랑을 경험하지 못한 자들에게 특별히 소외되고 가난한 자들에게 하나님의 구원과 은혜와 사랑이라는 '복음'을 전파해야 한다. 그런 의미에서 종교개혁가 마틴 루터가 외친 '흘러넘치는 사랑'이 곧 '디아코니아'라고 말할 수 있다.

디아코니아 신학의 선구자인 요한 힌리히 뷔헤른은 독일 괴팅엔 대학교를 거쳐 베를린 대학교 신학부에서 신학 공부를 마쳤지만, 목사 청빙을 받기에 어려운 당시 여건 문제로 일평생 목사 안수를 받지 못한 채 교회의 사회봉사와 사회선교에 헌신했다. 그렇다면 '디아코니아'가 뭐냐?라고 누군가가 묻는다면, '디아코니아'를 그냥 '봉사'라고 한마디로 정의할 수는 없다. 이렇게 말하면 어떨까? 디아코니아는 선교적 교회와 마찬가지로 복음의 외적인 확장성을 가지고 있는데, 때로는 치유 활동으로, 때로는 상담과 교육으로, 또는 사회복지로 삶의 전방위에서 소외되고 가난한 자들에게 디아코니아(섬김과 봉사)를 통해 복음의 선한 영향력을 드러내는 것이다. 그러면 다시 '누가 디아코니아를 하냐?'고 묻는다면, 하나님의 구원과 은혜, 그리고 사랑을 경험한 사람이 하나님의 구원과 은혜와 사랑을 경험하지 못한 사람들을 섬기는 것이라고 답할 수 있을 것이다.

'디아코니아 신학'을 공부하면서 어떻게 하면 우리나라 교회들이 세상을 섬기고 소외된 자들을 섬기는 온전한 디아코니아를 실현할 수 있을까를 고민하던 중 우리나라 사회복지 시스템을 활용함에 디아코니아(봉사)를 보다 효과적으로 구현할 수 있는 좋은 혜안을 얻게 되었다. 요즘 우리나라 정부의 기본 정책 기조가 '민관합동'이다. 물론 관공서 자체로도 추진하는 일들이 있겠지만, 대부분 업무를 민간에게 위탁하거나 민간을 지원하는 구조를 갖추고 있다. 특별히 사회복지가 사각지대를 발굴하여 소외된 자들에게 손을 펴는 일을 함에 있어 교회의 디아코니아(봉사와 섬김)가 제대로 된 역할을 할 수 있다면, 사회복지와 협력하여 또 다른 디아코니아의 지경을 열어갈 수 있을 것이다. 왜냐하면, 교회는 공동체가 있고 공동체 자체가 나름의 재정도 가지고 있기 때문에, 교회가 디아코니아적인 마인드로 국가의 사회복지에 동참할 때, 생각보다 훨씬 큰 영향력을 가질 수 있다. 그럼에도 불구하고 우리가 분명하게 알아야 할 것은 디아코니아는 하나님으로부터 시작되는 신학이지만, 사회복지는 인간에서 시작되는 사회과학이라는 차이점은 늘 유념해야 한다.

2) 디아코니아 사역으로서의 돌봄교실

(1) 지역아동센터의 모델 - 라우에하우스(Rauhehaus)

19세기 유럽은 산업혁명으로 인해 농촌에 있던 많은 사람들이 농촌을 떠나 도시로 몰려들었다. 그들은 아무런 준비도 없이 막연하게 도시로 왔는데, 그들에게 돌아온 건 경제적인 혜택이 아닌 헤어나오지 못하는 빈곤이었다. 가난한 사람들은 열악한 주거환경 속에 살면서 각종 사회악에 노출되었고 교회를 떠나 비신앙적인 일탈의 삶을 살았다. 자연스럽게 아이들도 비신앙적, 비교육적, 비도덕적인 삶에 노출되었다. 독일어 'Verwahrlosterkinder'는 '돌보지 않아서 타락한 아이', '도덕적

위기에 방치된 길거리 청소년들'을 일컫는 용어가 되었다.

디아코니아 신학의 선구자인 뷔헤른은 당시 국제적인 항구도시 함부르크에 비행 청소년 문제가 사회문제가 되는 것을 보았다. 뷔헤른은 구원을 가져오는 힘은 곧 사랑이라고 생각했는데, 그 사랑이란 결코 감성적인 사랑에 머무른 것이 아니라, 행동하는 사랑, 즉 네 가지 사랑을 강조했다. 첫째는 도움과 구원의 대상을 찾는 사랑, 둘째는 구체적인 도움을 주는 돕는 사랑, 셋째는 도움을 필요로 하는 약자들에게 희생하고 헌신하는 사랑, 그리고 마지막 넷째는 그리스도를 구주로 믿는 믿음 안에서 구원하는 사랑이 그것이었다. 뷔헤른은 주일학교운동에 열심이었는데, 주일 하루만으로 방황하는 아이들을 건강한 삶으로 이끄는 것이 힘들다는 것을 깨달았다. 그래서 고아는 아니지만 어려운 환경에 있는 아이들을 수용하여 함께 공동체 생활을 하면서 기독교적인 사랑과 교육으로 성장하도록 하는 시설을 세우고자 했는데, 1833년 9월 12일에 방문단체의 후원과 특별히 지버킹(Sieverking) 여사의 도움을 받아, 사회교육학적이며 디아코니아적인 수용시설인 '라우에하우스'(Rauhehaus)를 세웠다. 독일 말로 'rauhe'란 '거칠다'라는 뜻인데, 라우에하우스에 들어온 거친 아이들을 용서와 사랑으로 돌보고 사랑으로 품어줌으로써 그들에게 희망을 심어주었다. 200년이 훨씬 지난 지금 '라우에하우스'는 독일에서 한부모 자녀들이나 빈곤 가정의 아이들을 돌보는 사회교육학적인 시설인 교육 시설로 변모하였다.

라우에하우스는 당시 시대가 요청했고, 그 시대적 요청에 의해 세워진 디아코니아 사역의 결과로 거친 세상을 복음으로 녹여낸 멋진 사역 사례라고 할 수 있다.

지역아동센터의 모태인 라우에하우스의 탄생 배경을 접하면서 오늘을 살아가는 교회들이 유심히 새겨들어야 할 사역 중 하나임을 깨달았다. 요즈음 교회가 운영하는 방과 후 돌봄교실이나 지역아동센터의 운영이 사회복지법이 정한 한계 내에 머물러 있는 것을 본다. 우리가 다시 새겨야 할 것은 디아코니아는 인간이 행하는 사회복지가 아니다. 그러므로 사회교육학적이고 디아코니아적인 시설 교육의 모델이었던 라우에하우스 정신과 철학은 다시 한번 디아코니아 사역을 감당하려는 교회들이 새겨들을만하다.

(2) 사회적협동조합 하늘샘 - 방과 후 돌봄교실

하늘샘작은도서관이 선교적 교회로 자리매김하면서 이런 좋은 모델을 시골, 그것도 시골 외곽에 도서관을 필요로 하는 곳에 작은 도서관을 세워야겠다는 생각이 들었다. 그래서 농촌 미자립 교회 사역자 중에서 지역사회를 섬김에 관심이 있는 사역자들을 선발하여 작은 도서관을 운영하고 관리하게 했다. 작은 도서관이 세워진 곳이 공단 주변 지역인데, 여기에는 한부모 가정, 다문화 가정, 무엇보다 취약한 노령층이 대다수 살고 있었다. 작은 도서관에 다문화와 한 부모 가정의 자녀들이 많이 찾아왔는데, 그 아이들은 부모가 늦게까지 경제활동을 하기에 저녁을 제대로 먹지 못하고 있었다. 그것을 보고 아이들에게 따뜻한 한 끼 식사라도 먹으면서 숙제를 도와주는 일이 절실하게 필요하다는 생각이 들었다.

뷔헤른은 당시 시대적 요청으로 라우에하우스를 설립했고, 거친 세상을 복음으로 녹여낸 멋진 디아코니아 사역을 보여주었기에, 하늘샘교회도 취약한 지역에 순수한 디아코니아적이고 사회교육학적인 사역을 펼치고자 방과 후 돌봄교실을 계획했다. 특별히 사회복지의 도움이 필요하겠기에, 사회적협동조합이라는 법인을 설립하여, 교회와는 독립적인 방과 후 돌봄교실을 준비했다. 처음 아이들을 모집할 때, 한부모 가정의 자녀, 다문화 가정 자녀들을 위주로 그들의 방과 후와 식사를 제공하면서 직간접적으로 영적인 영향도 함께 더해가기를 소망한다.

급변하는 시대 속에서 하나님께서 기뻐하시는 바로 그 교회로서 자리매김한다는 게 분명 예전과는 다를 수밖에 없다는 것을 목회자의 한 사람으로서 절감한다. 그렇게 하려면, 목회자인 나부터 변화 앞에 서야 하고 변화를 위해 스스로의 껍질을 벗어야 한다고 생각한다. 지금도 목회자들을 만나면서 느끼는 것은 여전히 7-80년대 복음 전도로 급격한 성장을 경험한 교회를 갈망하는 목회자들이 많다는 것이다. 앞서서도 언급했지만 교회가 존재하는 진리 명제는 영혼을 구원하는 '복음'의 전당이어야 한다. 하지만 그 복음이 오늘이라는 세상 속에서 어떻게 녹아 들어야 하는가는 하나님께서 목사로 맡긴 목회자, 그리고 부름 받은 성도들의 몫이라고 생각한다. 이제 더이상 교회가 잃어버린 영혼을 방주인 교회로 들어오게 하는 역할에만 머물러선 안 된다. 만고불변의 진리인 복음이 오늘이라는 삶의 자리에서 공공의 선이 되고 선한 영향력이 될 수 있도록, 시대가 요청하는 것이 무엇인지, 세상과 소통하고 세상을 섬기는 선교적 교회와 디아코니아 교회로서 자리매김해야 할 시기가 아닐까?

오롯이상조/오롯이서재
"자비량 목회와 선교적 교회"

이춘수 목사
탐험하는교회 셰르파
오롯이상조/오롯이서재 대표

장례 업무를 마치고 늦은 밤 집에 돌아와 차에서 내리면서 거나하게 취하신 이웃집 아저씨를 마주쳤다. 평소에 인사 정도만 나누는 사이였는데 대뜸 쏘아붙이듯 질문을 던진다. "거! 듣자 하니 목사라던데 왜 목회를 안 하시는 거요!" 이게 질문인지 힐난인지 판단할 겨를도 없이 "아… 저는 국내선교삽니다!"라고 되받아쳤다. 나도 내 대답의 진의가 뭐였나 싶어서 어리둥절하고 있는데 아저씨가 내 어깨에 손을 툭 올리시더니 얼굴을 들이밀며 한마디 하신다. "선교사? 목사면 교회에서 목회를 해야지… 돈도 안 되는 책방을 왜 하는 거요!?" 책방이 돈 안 되는 거 들킨 게 당황스러워서 "그러게요… 책방이 돈이 안 되긴 하죠…" 하고 웃었는데 아저씨가 집으로 들어가시면서 혼잣말로 마지막 한 방을 먹이셨다. "하긴 목회도 돈이 안 되는 것은 마찬가지니까 목사가 맞긴 하네… 허허…" 진하게 전해오는 술냄새가 아직도 시큼하다.

책방과 상조회사를 운영하는 자비량 목사로서의 삶이 술에 물을 탄 듯 물에 술을 탄 듯 밍밍할 때가 있다. 이건 목회도 아니고 그렇다고 돈을 버는 것도 아닌 애매모호한 경계에서 뭐에 취했는지 비틀거리는 걸음을 걷는 것이다. 차라리 돈이라도 많이 벌었으면 식구에게라도 떳떳할 텐데 새로운 목회를 하는 목사라고 이해해주는 가족에게 한없이 미안해지는 가장이기도 하다. 겉에서 보기에는 뭐 대단한 목회를 하는 것처럼 포장되어 있지만 결국 구체적인 일터이자 목회의 현장에서는 불투명한 안개를 헤치고 질척거리는 진흙밭을 헤매는 자영업자의 삶을 살아간다. '자비량 목회'가 무엇인지 그리고 '선교적 교회'가 무엇인지 누가 정확하게 알겠는가? 설명할 수 없는 이 현장의 한복판에서 그저 선교사라는 모호한 정체성을 붙들며 버틴다.

목사 안수를 받으면서 "부르시며 보내시는 하나님"이라는 목회 표어를 세웠다. 요한복음 20장 21절 말씀, "예수께서 또 이르시되 너희에게 평강이 있을지어다 아버지께서 나를 보내신 것 같이 나도 너희를 보내노라"에 따른 표어다. 책방에서든 장례현장에서든 이 표어를 되새기며 이 땅에 사람으로 오신 성자 하나님의 삶을 생각한다. 또 성자를 보내신 성부 하나님과 부르시며 보내시는 성령 하나님도 생각한다. '하나님의 형상(Imago dei)'으로 부름 받아 '하나님의 선교(Missio dei)'적 삶(Missional life)을 살면서 죽어가는 것이 나의 소명(召命/召名)이라 믿는다. 이 소명에 따라 모든 이들과 더불어 살아가는 교회 밖 '하나님 나라'의 탐험을 돕고 격려하는 '탐험하는교회'의 셰르파를 자처하기도 한다.

하나님의 선교 관점에서 전통적 제도교회의 목회이든 자비량 목회이든 목회의 주체는 하나님이시다. 하나님은 창조와 창의 그 자체로서 태초로부터 지금까지 그리고 앞으로도 영원히 이 세상을 창조하시는 일을 멈추지 않으셨다. 창조와 창의 자체로서 하나님의 일에 부름 받은 목회자는 그래서 창조적이고 창의적이어야 한다. 망치나 스패너처럼 생명 없는 연장이 아니라 고유하고 유일한 하나님의 형상으로 부름 받은 목회자의 삶 속에는 창조적이고 창의적인 목회의 씨앗이 심겨져 있기 때문이다.

통상적으로 예배, 설교, 교육, 교제, 봉사(교회의 다섯 가지 기능-레이투르기아, 케리그마, 디다케, 코이노니아, 디아코니아)와 같이 정형화된 행위를 목회라고 할 수 있지만 그 행위의 원형으로서 하나님 나라는 각각의 행위를 존재적 차원에서 창의적이고 창조적으로 지탱한다. 행위로서 목회의 정형은 존재로서 목회의 원형인 하나님 나라를 담지하고, 원형으로서 하나님 나라는 정형으로서 목회 행위를 언제나 갱신해야 한다.

문제는 정형화된 행위로서, 목회와 목회의 존재적 원형으로서 하나님 나라가 칼로 무 자르듯 명확하게 구별되지는 않는 데 있다. 자비량 목회자에게 삶과 목회 그리고 돈 버는 일은 서로 구별되지만 분리할 수 없는 삼위일체론적 관계에 있기 때문이다. 삼위 하나님이 서로에게 목적이나 수단이 아니듯이 자비량 목회자에게 돈 버는 일과 목회 그리고 삶은 상호 목적이나 수단이 아니다. 대부분의 목회자가 돈 벌기 위해서 목회하지 않듯이 자비량 목회자도 목회하기 위해 돈 버는 일을 하지 않는다. 그러나 돈 버는 일은 곧 목회가 될 수 있고 목회도 역시 돈 버는 일이 될 수 있다. 하나님께서는 자비량 목회자를 자본주의 사회에서 이웃과 더불어 일하며 살아가는 노동자이자 동시에 그 일터에서 하나님 나라를 찾아가는 목회자로 부르신다. 그리고 그 부르심에 따라 보냄 받은 자비량 목회자로 살아가는 그 삶을 사랑으로 돕고 계신다. 자비량 목회자는 이 사랑에 힘입어 목회 현장이자 동시에 일터에서 이웃과 더불어 삶과 죽음의 희로애락, 하나님 나라를 나누며 살아갈 수 있다. 일과 목회 그리고 삶과 죽음이 어느 한쪽의 수단이나 목적이 된다면 소위 삼위일체론적 소명의 지속가능성이 깨진 게 된다.

구별되지만 분리할 수 없는 자비량 목회자의 일과 목회 그리고 삶을 우물에 비유할 수 있다. 이 땅에서 삶을 지속하기 위해서는 돈이 필요하다. 이 세상의 모든 사람들은 일이라는 우물을 파서 돈이라는 우물물을 길어 올려 먹고 마시며 살아간다. 이 우물에는 외벽과 내벽이 있다. 우물 밖에서 보이는 외벽을 행위라고 한다면 외벽을 지탱하는 내벽은 우물을 파는 사람만 성찰할 수 있는 존재적 기초라고 할 수 있다. 세상에는 수없이 많은 종류의 일이 있고 제각각 다른 모양의 외벽과 내벽을 갖추고 있다. 일하는 삶의 정합성과 효율성을 높이기 위해서는 외벽과 내벽의 모양이 일치하는 것이 좋다. 목회라는 우물을 동그란 모양의 우물이라고 한다면 겉에서 보이는 목회 행위가 동그란 모양이고 그 행위를 지탱하는 존재적 내벽인 하나님 나라도 동그란 원형을 갖추는 것이 일반적이다. 마찬가지로 장례지도사, 책방지기, 인테리어, 조경 등 각 행위에 따라 고유한 모양의 외벽과 그에 일치하는 모양의 내벽으로 구성될 때 가장 효율적이고 단단해진다. 사람들은 나름의 삶의 자리에서 동그란 우물, 세모난 우물, 네모난 우물 등 다각형의 우물 등을 각각 파내려 가며 살아가는 것이다.

이른바 이중직 목회는 개념상 모양이 다른 두 개의 우물을 파는 삶이다. 내외벽이 동그란 모양의 목회라는 우물과 다각형의 내외벽을 가진 일터라는 우물 사이를 오고가며 파내려 간다. 각각의 우물은 내외벽이 일치한 모양이어서 목회와 일 각각의 효율과 정합성에는 문제가 없다. 문제는 두 개의 우물을 오고가는 과정에서 비효율이 증가하는 데 있다. 모든 이에게 똑같이 주어진 24시간의 시간 속에서 목회지로서 교회와 일터의 공간을 오가면서 시간과 체력을 소모하기 때문이다. 또한 목회라는 우물이든, 일이라는 우물이든 계속 파내려 가다 보면 깊이로서 전문성을 각각 갖추게 된다. 사람은 어떤 일이든 계속하면 전문화되고 고도화된다. 하나님이 사람을 그렇게 지으셨기 때문이다. 이 전문성은 우물의 깊이라고 할 수 있다. 점점 깊어지는 두개의 우물은 우물 사이의 전환과 이동을 더욱 무겁게 만든다. 이중직을 시작하는 시점에는 이 무게감, 비효율을 무시할 수 있지만 시간이 흐르고 우물이 계속 깊어지면 그에 비례하여 이동과 전환의 비효율도 증가한다. 목회라는 우물의 밑바닥까지 파내려 가서 깊이를 더하고 다시 올라와서 일의 우물로 이동하여 밑바닥까지 파내려 가서 작업을 해야 하는 것이 만만치 않은 것이다. 그래서 어느 시점이 되면 이중직 목회는 목회와 일에 있어 한계를 드러낸다. 목회와 일 모두 일정 수준 이상의 전문성과 성과를 낼 수 없게 되는 것이다.

목회와 일이라는 두 개 우물을 오고 가고 또 오르내리며 파내려 가는 비효율이 이중직 목회자의 개인적 차원에서 드러나는 한계라면 공적 차원에서 드러나는 한계도 있다. 목회이든 일이든 무인도에서 혼자 파는 우물이 아니라면 그 우물들은 서로 공적인 관계를 맺고 있다. 각자 가진 도구와 재능을 공적 질서에 따라 주고 받으며 더불어 함께 파내려 간다. 그리고 그 우물에서 길어올린 우물물도 혼자 독식하는 것이 아니라 서로 나누며 살아가는 세상이다. 이 공적 관계는 협력적이면서 동시에 경쟁적이기도 하다. 이중직 목회자의 공적인 한계는 이 지점에 드러난다. 비효율의 한계의 봉착한 이중직 목회자는 목회 또는 일을 전업으로 하는 이들과 깊은 협력적 관계를 맺기가 어려워지고 경쟁에서도 밀리는 이중고를 겪으며 점차 도태된다. 이런 공적 맥락에서 이중직 목회는 지속가능성이 낮다.

두 개의 우물을 파는 이중직을 전문성과 지속가능성의 관점에서 부정적으로 표현하였지만 그 의미와 양태를 전적으로 부정하는 것은 아니다. 과거 교회의 양적 성장과 부흥기에는 이미 큰 우물을 확보한 (경제적 차원의 기성)교회가 (경제적으로 미자립한)교회를 개척하고 후원하였다. 개척한 우물에 물을 길어 채워주며 깊어지기를 기다려준 것이다. 그러나 오늘날 교회 개척의 현장은 척박하고 메마른지 오래다. 이런 토양에서 이중직 목회는 어쩌면 자연스럽고 당연한 현실로 다가온다. 먹고 살기 위해 교회, 우물을 개척하는 것은 아니지만 먹고 살아야 하는 엄중한 이 현실 속에서 생존의 기반으로서 일이라는 우물도 파야 하는 것이다. 이는 그 누구도 부정하거나 평가할 수 없는 고귀한 삶의 양식이자 존재 양태이다. 다만 이런 삶의 양식과 존재 양태는 개인의 능력과 노력만으로 지속할 수 없다는 점을 주지해야 한다. 이중직 목회자 각각에 대한 관심과 지원이 공적 차원에서 지속되어야 하는 이유이다. 깊고 단단한 우물이든, 얕고 초라해 보이는 우물이든 이 세상 모든 사람들의 더불어 함께 만들어가는 그 우물들의 근원은 하나의 생명에 맞닿아 있음을 기억해야 한다.

　일 또는 목회라는 두 개의 우물을 오가고 오르내리며 파는 것을 이중직 목회라고 한다면 하나의 우물을 일이자 동시에 목회로 여기고 파내려 가는 삶은 자비량 목회(또는 '일하는 목회')라고 할 수 있다. 자비량 목회라는 우물은 겉에서 보기에 일이라는 외벽을 갖고 있고, 이를 지탱하는 내벽은 원형으로서 하나님 나라를 담지한다. 한 개의 우물이지만 외벽과 내벽의 모양이 불일치한다. 외벽과 내벽의 정합성이 떨어진다는 관점에서 자비량 목회자도 비효율을 경험한다. 두 개 우물을 파야 하는 이중직 목회의 비효율이 각 우물의 물리적 이질성에서 기인한다면 자비량 목회의 비효율은 외벽과 내벽의 화학적 이질성에서 발생한다. 겉에서 보기에는 일이라는 우물을 만들면서 내적으로는 하나님 나라의 관점에서 외벽을 해석하고 깊이를 더해야 하는 것이다. 그래서 자비량 목회는 세상의 논리대로 일을 하는 것이 아니라 그 일을 통해 세상 속에서 함께 일하시는 하나님, 그 하나님 나라를 찾고 구하고 두드리며 일하는 목회이다. 우물이 자리잡은 땅의 질서를 존중하되 그 질서를 만들어낸 세상의 논리를 따르지 않고 하나님 나라의 논리에 따라 질서를 재해석하고 나아가 재구성하는 목회라고 할 수 있다.

자비량 목회자도 외벽과 내벽의 불일치와 비효율에서 사적인 갈등을 겪는다. 동종 업계의 다른 사람들처럼 외벽과 내벽이 동일한 우물을 만들고 싶은 유혹에도 노출되어 있다. 내벽이 겉에서는 보이지 않으니 그 일을 전업으로 하는 사람들과 별다른 차이점이 드러나지 않을 수도 있다. 이는 정체성의 갈등으로 이어지기도 한다. 자신이 일하는 사람인지 아니면 목회자인지 불분명해지는 것이다. 자비량 목회자가 공적 차원에서 마주하는 난관도 있다. 목사가 목회를 해야지 돈에 혈안이 되어 딴짓을 하는 것으로 힐난당한다. 심하면 이단 아니냐는 오해도 받는다. 사적 갈등과 공적 난관의 이 지점에서 필요한 것이 바로 신학과 영성이다. 소명으로서 자비량 목회의 외벽을 지탱하는 내벽은 신학과 영성으로 다져진다.

외벽과 내벽의 불일치에서 겪는 갈등과 난관은 자비량 목회자의 전유물이 아니다. 모든 그리스도인, 교회 밖 세상에서 일하며 살아가는 모든 성도가 마주하는 '선교적 삶(Missional life)'의 현실이며, '선교적 교회(Missional church)'의 씨앗이기 때문이다. 모든 성도의 삶에 심겨진 선교적 교회의 이 씨앗은 그냥 발아하지 않는다. 사도신경으로 고백하는 '공교회'가 함께 가꾸며 돌볼 때 싹을 틔우고 세상 속 교회의 열매로 이어질 수 있다. 공교회로서 선교적 교회는 개교회의 경계 밖 모든 성도의 선교적 삶에서부터 시작하기 때문이다. 이런 맥락에서 자비량 목회자의 목회는 개인적 소명의 차원을 넘어서는 공적 의미를 갖는다. 외벽과 내벽의 불일치에 따른 갈등과 난관을 하나님 나라의 역동으로 재구성하는 자비량 목회자의 신학과 영성은 일터에서 선교적 삶을 살아가는 모든 성도들과 교회에 영양제가 될 수 있다. 일을 목회로 여기며 살아가는 자비량 목회자의 삶은 개교회 중심주의를 벗어나 모든 성도들과 더불어 함께 성육신하시는 그리스도의 몸된 공교회, 하나님 나라를 세워가는 목회가 된다.

일터에서 선교적 삶을 살아가며 하나님 나라의 원형으로서 선교적 교회를 지향하는 자비량 목회는 전통적 제도교회와 더불어 공교회를 세워간다. 첫째는 '교회 밖 교회'로서 새로운 교회의 가능성을 모색하는 목회다. 하나님 나라의 구체적 선교 현장으로서 일터에서 시장의 질서를 존중하되 그 질서의 논리를 변혁하는 서비스와 재화를 공급한다. 또한 먹고 살아가는 최소한의 토대로서 경제적 자립과 자유의 긴장 속에서 '각자도생'의 논리를 거부하고 '각자공생'의 가치를 전한다. 내부 고객으로서 함께 일하는 동료들과 거래처/협력사의 직원들에게 일하는 삶의 보람과 의미를 나눈다. 자비량 목회자가 살아가는 현장으로서 일터에 눈에 보이는 교회는 없지만 보이지 않는 교회가 감추어져 있기 때문이다.

보이지 않는 교회와 선교적 교회의 맥락에서 특별히 요청되는 목회 주제는 소위 '가나안 성도'의 신앙 갱신이다. '가나안 성도'는 여러 가지 나름의 이유로 교회를 떠났을지언정 삶의 현장인 일터와 가정을 떠날 수는 없다. 이들에게도 목회적 돌봄과 관심이 필요하다. 교회로 돌아가도록 권면하는 목회도 필요하지만 그보다는 그리스도인으로서의 정체성과 신앙 갱신을 돕는 목회의 선행이 필요하다. 교회공동체 의존적 '신앙생활'이 아니라 일터와 가정과 같은 삶의 공동체에서 주체적 '신앙의 삶'을 살아가며 새로운 교회의 씨앗을 심을 수 있기 때문이다. 겨자씨 같은 그 씨앗을 소중히 여기고 가꿀 수 있다면 권면하지 않아도 '하나님의 때'에 따라 자발적으로 교회로 돌아가거나 그 삶의 자리에서 새로운 하나님 나라를 살아갈 수 있다.

둘째는 '교회 안 교회'로서 전통적 제도교회와 협력을 통해 하나님 나라를 구체적으로 나누는 목회이다. 먼저는 제도교회의 목회와 운영에 필요한 서비스와 재화를 자비량 목회자가 공급하는 것이다. 일회적 거래 관계도 있겠지만 전문 분야에서의 지속적 협력을 통해 컨설팅을 제공하거나 아웃소싱을 할 수도 있다. 제도교회와 자비량 목회자가 공급하는 서비스와 재화는 일방적이고 시혜적인 후원 관계를 벗어나 개교회의 신학과 신앙 맥락이 반영된 공적 관계의 매개물이 된다. 또한 자비량 목회자는 협력 교회의 이른바 평신도들을 대상으로 일을 통해 살아가는 하나님 나라를 구체적으로 교육할 수 있고 도울 수 있다. 수련회나 교육 프로그램을 통해 먹고 살기만을 위해 하는 일을 넘어서 세상 속에서 우리 모두와 함께 땀 흘려 일하고 계시는 하나님을 전할 수 있는 것이다.

셋째로 자비량 목회자는 '경계의 교회'를 세워가는 목회이다. 제도교회와 세상의 경계에서 교회를 갱신하고 세상과의 접점을 확대할 수 있다. 일터에서 비기독교인, 타종교인들과 함께 일하며 세상 속에서의 빛과 소금이라는 교회 본연의 모습을 드러내는 것이다. 특별히 기독교와 교회에 관한 사회적 인식이 부정적이고 공격적인 오늘날 자비량 목회자는 세상의 빛과 소금으로서 교회의 모습을 갱신한다.

필자가 자비량 목회자로서 동네책방, '오롯이서재'와 기독교 후불제 상조인 '오롯이상조'를 운영하며 세워가는 선교적 교회인 '탐험하는교회'를 소개하고자 한다. 우선 '탐험하는교회'는 교회법에 따른 제도적 교회는 아니다. 예배당으로서 공간도 없고 심지어 정기적인 예배공동체가 있는 것도 아니다. "교회 밖 삶과 죽음의 현장에 감추어진 하나님 나라를 탐험하고 나누는 선교"를 표방하는 '탐험하는교회'는 동네책방 '오롯이서재'에서 '삶을 통한 하나님 나라'를, 상조회 '오롯이상조'에서 '죽음을 통한 하나님 나라'를 고객, 이웃과 함께 탐험하며 나누는 것을 지향한다. 탐험하는교회는 교회법상 실체가 없지만 노회 소속의 '전도목사'로서 교회 밖 일터를 하나님 나라의 현장으로 삼아 '선교형 교회'를 세워가고 있다.

'탐험하는교회'의 시작 배경에는 '가나안 성도'와의 만남이 있었다. '오롯이서재'를 운영하면서 디저트/커피숍, 와인숍, 빵집 등 다양한 이웃 가게의 주인들과 친해졌다. 비슷한 상황의 자영업자들로서 가게의 정기휴일인 월요일 저녁이 되면 동네 식당에 모여 함께 밥도 먹고 영화도 보러다니며 공감대를 쌓았다. 이들 중에는 가나안 성도 가정들도 있었는데 가까이 지내다보니 필자가 목사라는 사실을 자연스럽게 알게 되었고 교회에서 상처받았던 이야기들, 신앙상담 비슷한 고민들을 나누게 되었다. 이런 이야기들을 나누다보면 가나안 성도들이 지금은 교회를 나가지 않지만 기독교인으로서의 정체성인지 죄책감인지 모를 애매한 마음들을 갖고 있음을 알게 된다. 목사로서는 안타깝고 적잖이 속상하고 미안해지는 지점이다. 그러던 어느 날 식사 자리에서 이들 중 한 명이 고백인지 뭔지 모를 한마디를 툭 하고 던졌다. "저는 목사님이랑 밥먹으러 오는 게 꼭 교회에 오는 것 같아요." 그저 쉬는 날 모여서 밥 한

끼 먹고 노는 것인데 교회에 오는 것 같다는 그 말이 마음을 울렸다.

"교회에 오는 것같다"는 이 말 한마디에서 하나님의 음성, 마음을 들었다. 하나님께서 이들과 함께 교회, 예배공동체를 세우라고 부르시는 것 같았다. 오롯이서재에서 주일 아침에 예배를 드리는 모습을 상상해봤다. 그리고 기도가 시작되었다. 나를 부르시며 보내시는 그 자리가 어디인지를 다시 물었다. 약 두 달간 틈틈히 기도하면서 새로운 소명의 자리를 다시 보게 되었다. 하나의 예배공동체, 교회가 생기는 것은 무척 기쁘고 감사한 일이지만⋯ 내 자리는 아니겠다는 것이다. 가장 큰 이유를 솔직히 이야기하자면 나에게는 조직교회를 섬기고 돌보는 목사로서의 깜냥이 없다는 점이다. 목사로서 교인들과 함께 교회를 세워가는 목회야말로 가장 보람 있고 감사한 일이겠지만 그게 모든 목사에게 그런 것은 아니라는 생각을 한다. 내가 목사로서 부름받아 보냄 받은 자리는 전통적 제도교회가 아니라 교회 밖 일터, '신앙생활'을 넘어서는 '신앙의 삶'이 있는 자리라는 점을 기도 가운데 새롭게 깨닫게 되었다. 교회가 없는 것처럼 보이는 곳에 숨어있는 하나님 나라를 찾고 구하고 두드리는 선교가 내 소명의 자리이고 이 자리에서 나는 탐험을 다시 시작해야 한다는 결심을 세웠다. 이 자리는 도처에 위험요소가 숨어있고 두려운 곳이지만 동시에 그 위험을 모험으로 감수하는 스릴 혹은 설렘도 있는 자리이다. 두 달간의 기도가 정리될 즈음 저녁 식사 시간에 이들에게 '탐험하는교회'를 소개했다. "앞으로도 밥은 계속 먹을 것이고 하던 이야기들도 변함없이 할 것이다. 목사가 구체적으로 필요한 때가 있으면 언제든 찾아라. 당신들은 오늘부터 '탐험하는교회'의 보이는 교인들이다." '탐험하는교회'는 그렇게 시작되었고, 일터이자 선교현장인 '오롯이상조'와 '오롯이서재'를 하나님 나라 탐험의 맥락에서 재해석하고 재구성했다.

　먼저 '오롯이상조'는 '기독교식 장례'를 넘어서는 '기독교적 장례' 문화를 제도교회와 함께 만들어간다. 죽음은 보편적 자연현상이지만 이를 다루는 장례는 역사와 문화에 따라 끊임없이 변화해온 문화현상이자 종교현상이다. 현대 한국 사회가 경험하고 있는 장례문화도 여러 가지 역사문화적 배경과 다종교 맥락 속에서 형성되었다. 장례지도사이자 목사로서 고찰하는 현대 한국의 기독교식 장례는 종교의례로서의 의미를 거의 잃어버렸다. 상품과 서비스로 소비되는 기독교식 장례는 종교 절차로서 예배가 포함되어 있지만 이는 상조회사가 상업적 목적에서 돈을 받고 파는 상품의 일부가 된지 오래되었다. 상품으로서 기독교식 장례의 맥락 안에서는 목회자를 비롯한 교회공동체도 주체성을 갖지 못하고 최소한의 예배를 드리는 정도로 역할이 제한되었다. 전체 장례 절차에서 물과 기름처럼 분리된 예배를 드리는 정도의 기독교식 장례는 기독교적 생사관이나 교회의 신앙과 신학을 반영하지 못하는 상품에 가까워진 것이다.

　형식으로서 기독교식 장례는 내용으로서 기독교적 장례와 불일치를 일으킨다. 형식을 강조하다 보면 '반(半/反) 기독교적 기독교식 장례'로 이어지기도 한다. 기독교식 장례로서 교회가 절차에 따라 예배를 주관하여도 상조회가 예배를 제외한 절차와 전체 과정을 기독교와 상관없는 심지어 타종교 혼합적 관점으로 장례를 이끌어 가는 경우이다. 비슷한 경우로 이른바 기독교식 장례를 표방하는 상조회가 자체적인 기독교 형식을 강조하며 주도권을 행사하면 장례에 참여하는 유가족이나 교회공동체는 자신의 신앙과 동떨어진 형식적 의례를 경험한다. 한편 자기 중심적 기독교 형식을 강요하는 유가족이 있으면 타종교의 유가족이나 조문객은 고인의 삶과 죽음을 주체적으로 성찰하고 수용할 자리를 박탈당한다. 겉에서 보기에는 분명 기독교식인데 참여하는 사람들은 정작 반기독교적인 배제와 소외를 당하는 것이다. 반면 '비(非)기독교식 기독교적 장례'도 있다. 가족의 전통에 따라 제사도 드리고 타종교 의례가 진행되기도 하지만 유가족 중 일부 기독교인들이 나름의 기독교적 생사관과 신앙으로 참여하는 장례다. 고인의 삶과 죽음을 신앙안에서 수용하고 다른 유가족에게도 나누는 것이다. 헤어짐의 슬픔 속에서도 부활에 대한 구체적 소망과 믿음을 소개하고 위로와 평안을 전한다.

오롯이상조는 "형식과 내용으로서 기독교적 장례문화를 제도교회와 함께 만들어가는 상조회"다. 상품으로 판매되는 형식과 내용의 기계적 일치를 지양한다. 장례의 주체인 교회공동체를 중심으로 죽음과 부활에 관한 고백이 반영되는 형식, 이런 형식의 경험을 통해 죽음과 장례 이후의 새로운 삶의 공동체로 거듭나는 장례문화를 지향한다. 오롯이상조는 장례지도사, 도우미 여사님들(빈소관리사), 운구차 기사님 등 현장 스텝과 더불어 장례 주체로서 교회공동체와 유가족을 신학과 신앙을 지지하고 협력함으로써 기독교 의례로서 장례의 의미와 문화를 재구성한다.

구체적인 접근 방식을 소개하자면 장례 전체를 리트릿(혹은 수련회)의 관점에서 이해하고 구성하는 것이다. 장례는 통상 임종으로부터 봉안(매장)까지 삼일장으로 진행되는데 이를 '삶과 죽음 그리고 거듭남과 부활'이라는 리트릿 주제에 따라 의례를 진행하는 것이다. 고인을 중심으로 온 가족이 3일 동안 직장에도 휴가 내고 한데 모여서 상복이라는 유니폼을 맞춰 입고 때 되면 밥도 먹고 예배를 비롯해서 정해진 절차에도 참여하는 과정이다. 이 리트릿 과정을 돕고 격려하는 현장 스텝들(장례지도사, 빈소관리사 등)도 있고 조문객들도 있다. 관과 수의, 염습위생용품, 유골

함과 같은 리트릿 물품도 준비해야 한다. 이렇게 준비되는 일련의 리트릿으로서 장례 의례를 통해 유가족은 고인의 삶과 죽음을 수용하고 새로운 삶의 자리로 다시 파송 받는 것이다.

장례 1일차에는 임종, 수시, 영안실 안치, 장례상담, 빈소설치, 위로예배의 과정이 있다. 임종 후 멈춰선 호흡과 식어가는 체온을 통해 죽음의 위력과 평안을 받아들이고 3일간 이어질 장례의 기독교적 의미를 생각해본다. 또한 절차와 방식을 수립하고 빈소를 설치하여 조문객과의 만남을 준비한다. 고인의 삶을 구체적으로 기억하고 새로운 관계를 설정하기 위해 감사와 화해가 담긴 '부활의 나비편지'도 쓰고 사진이나 유품과 같은 생애기록물을 전시한다. 위로 예배를 통해서는 죽음 앞에 선 인간의 실존을 마주하고, 죽음 가운데 찾아오시는 하나님의 평안을 구할 수도 있다.

2일차에는 염습과 입관(예배)가 있다. 장례지도사는 고인의 몸에 남아 있는 삶의 흔적(상처와 흉터)을 정돈하고 수의를 입힌다. 이때 장례지도사는 하나님이 사람을 지으실 때 손으로 직접 흙을 빚으신 그 마음을 담아 고인의 몸을 씻기고 수의를 입히며 유가족과의 만남을 준비한다. 입관식은 보통 헤어짐의 자리라고 여기지만 돌아가신 고인과 예를 갖추고 만나는 첫 만남의 자리도 된다. 이 자리에서 고인과 유가족은 죽음을 사이에 두고 마지막 용서와 화해, 감사를 나누며 남아 있는 삶을 새롭게 다짐할 수 있다.

3일차에는 발인(예배)과 화장, 그리고 봉안(하관)의 절차가 있다. 발인은 천국환송이라고도 하는데, 고인이 천국으로 돌아가는 길을 떠나는 것이기도 하지만 유가족도 천국의 길을 뒤따라가는 출발점이기도 하다. 화장과 봉안(매장)은 흙에서 왔으니 흙으로 돌아가는 삶을 성찰하는 과정이며 땀 흘려 흙을 일구며 살아가는 '삶의 자리'를 확인하는 자리이기도 하다. 일련의 장례를 모두 마치면 유가족과 교회공동체는 이제 삶의 자리로 돌아와 고인의 유품과 사진을 통해 그 삶과 죽음을 함께 기억하는 새로운 공동체로 거듭나게 된다. 이를 통해 부활의 소망을 품고 거듭난 성도로서 하나님 나라를 살아가는 것이다.

기독교적 장례를 이렇게 리트릿이라는 맥락으로 재구성하면 장례는 단순한 형식, 상품이 아니라 죽음을 통해 새로운 공동체로 거듭나는 기독교 의례가 될 수 있다. 이 의례는 상조회사 혼자서 만들어 갈 수 없고 판매할 수 있는 상품이 되어서는 더더욱 안 된다. 상조회사를 없애고 마을 공동체가 모두 함께 장례를 치르던 과거로 돌아가자는 얘기가 아니다. 유가족과 교회 그리고 상조회사가 협력하여 공고하게 짜여진 현대 상조 산업 질서를 깊이 이해하고 그 안에 새로운 기독교적 장례문화를 더불어 함께 만들어야 한다. 선교적 교회를 지향하는 탐험하는교회가 오롯이상조를 통해 죽음 가운데 숨어있는 하나님 나라를 탐험하고 나누고자 하는 바가 여기에 있다.

'탐험하는교회'가 삶을 통해 하나님 나라를 탐험하고 나누는 현장은 동네책방, '오롯이서재'다. 남양주시 별내동에 있는 오롯이서재는 "고요하게 자신을 성찰하고 모자람이 없이 이웃과 소통하며 온전하게 사랑하는 삶"을 지향하는 동네책방이다. '오롯이'라는 부사의 사전적 정의는 "고요하게 모자람이 없이 온전하게"인데 이 세 가지 키워드에 책방을 통해 이웃과 나누고 싶은 삶의 가치를 연결하여 브랜딩하고 있다.

2010년대 초반부터 생기기 시작한 동네책방은 이전의 서점과 차이가 있다. 책을 사고파는 유통의 기능을 담당하던 과거의 서점은 대형 서점과 온라인 서점이 그 기능을 빠르게 대체하면서 동네에서 점차 사라졌다. 서점이 사라진 자리에 생기기 시작한 동네책방은 서점과 달리 책의 유통을 주요 목적으로 삼지 않는다. 물론 독자이자 동네 주민에게 책을 판매하는 기능이 있지만 그보다는 이웃과 더불어 책에 관한 경험을 공유하는 공간으로서의 역할에 무게 중심을 둔다. 대형/온라인 서점이 책에 관한 경험으로서 북콘서트, 독서모임 등 활동을 동네에서 진행하기는 어렵기 때문이다. 이런 맥락에서 동네책방은 이웃과 함께 책을 매개로 다양한 문화활동을 펼치는 복합문화공간으로 자리매김하는 것이다.

오롯이서재도 복합문화공간을 지향한다. 별내동은 신도시로서 교통, 의료, 교육 등 주거 인프라가 잘 갖춰져 있고 도서관이나 문화센터 등 기본적인 문화 인프라도 있지만 꾸준히 유입되는 주민의 문화적 수요에 대응하기에는 한계가 있다. 또한 신도시 주택 특성상 집안에 별도의 서재를 마련할 공간이 없는 경우가 대부분이다. 오롯이서재는 이 점에 착안하여 공간기획단계에서부터 주민의 자발적 문화활동 플랫폼과 공유서재로서의 역할을 담고자 노력하였다.

공유서재, 문화플랫폼으로서 오롯이서재는 공간이용권을 판매하면서 365일 24시간 휴무없이 운영된다. 네이버 예약시스템에서 시간제 이용권을 예약하거나 정기 회원권을 구매한 이용자는 개별 발급된 출입인증번호를 통해 원하는 시간에 자유롭게 공간을 이용할 수 있다. 사물인터넷(IoT)을 활용하여 이용자가 책방에 들어오면 냉난방과 조명, 음악을 자동으로 작동시키고 퇴장하면 중지시키는 (무인)자율이용시스템을 운영한다. 물론 책방지기가 책방을 지키는 유인운영시간도 있다. 유인운영시간에는 누구나 책방에 들어올 수 있고 좌석이용권을 별도로 구매하면 책상에 앉아 샘플책을 편하게 읽거나 공부나 작업 등을 자유롭게 할 수 있다. 좌석이용권 단골 이웃들 가운데는 자리에 앉아 그림을 그리거나 뜨개질을 하는 경우도 있다. 또한 좌석이용권을 구매한 경우에는 냄새가 심하지 않은 빵이나 디저트류, 커피/와인과 같은 외부 식음료를 반입할 수 있다. 서재라는 공간 특성상 기본적 식음료가 필요한데 이를 오롯이서재가 직접 판매하는 데 한계가 있기 때문이다. 운영 초기에는 식음료를 직접 제조하여 판매하는 것을 검토했으나 이를 위해 투자해야하는 시간과 시설 비용이 만만치 않았다. 메뉴를 개발하고 품질을 유지하는 것도 어렵게 보였지만 무엇보다 동네에 있는 다른 커피숍이나 빵집과 경쟁을 피할 수가 없어서 마련한 서비스 방식이다. 다소 생소한 외부 식음료 반입 서비스의 안착을 위해 이웃 상점들이 갖고 있는 장점과 상품을 공유하고 단점을 상호 보완하는 제휴관계('오롯이프렌드')를 맺었다. 책방에 관한 경험을 오롯이서재에 한정하지 않고 골목으로 확장시키는 제휴서비스다. 고객이자 이웃 주민들은 자기가 좋아하는 디저트숍과 커피숍에 들러 쿠키와 음료를 테이크아웃하여 오롯이서재에 가지고온다. 좌석이용권을 구매하고 자리에 앉아 샘플책을 읽으며 빵과 음료를 즐기는 총체적 경험은 그 자체로 하나님 나라의 의미를 갖는다.

주민의 자발적 문화플랫폼으로서 복합문화공간인 오롯이서재는 '오롯이플레잉'이라는 제안 제도도 운영한다. 북콘서트나 독서모임처럼 책에 직접 관련된 프로그램은 오롯이서재가 자체 기획하지만 연주회, 전시회, 연극, 원데이클래스, 플리마켓 등의 문화활동은 주민이 직접 제안할 수 있다. 어느 동네나 그렇지만 오롯이서재의 이웃이자 고객들 가운데는 특별한 재능을 가진 분들이 많다. 이런 재능을 이웃과 함께 나눌수 있는 장을 제공하는 것이다. '오롯이플레잉'를 통해 접수되는 각종 제안들은 오롯이서재와 제안자의 공동 기획과 검토를 거쳐 주민과 함께 나눈다. 그동안 원데이클래스(캘리그래피, 노오븐베이킹, 꽃꽂이 등), 송년

음악회, 시낭송회, 미술전시회, 와인시음회, 연극, 북페스티벌, 플리마켓 등 다양한 문화행사를 이웃들과 함께 진행했다. 오롯이서재 혼자서는 기획도 불가능하고 상상조차 할 수 없는 일들이 이어졌다. 이런 제안 프로그램의 연장선상에서 이주노동자, 결혼 이민자들과 함께 프랑스어, 스페인어, 영어 등의 문화/언어교환 프로그램도 운영하고 있다.

오롯이상조와 오롯이서재를 통해 삶과 죽음 가운데 감추어진 하나님 나라를 구하고 나누는 '탐험하는교회'는 전통적 제도교회의 틀로는 정의할 수 없는 선교적 교회이다. 예배 공동체도 없고 교회로서 실체도 없지만 자비량 목회의 현장으로서 이웃들과 함께 살아가는 이 교회는 언제나 새롭게 다가오는 하나님 나라의 설렘과 감격을 선사한다. 때로는 자영업의 냉혹한 현실 속에서 먹고 살아야 하는 고충과 목사같지 않은 목사라는 힐난을 피할 수 없지만 이 탐험의 여정 가운데 탐험대장이신 하나님을 믿고 뒤따를 수 있다면 여기가 곧 하나님 나라라고 여긴다. 교회를 떠나야만 했던 사람들, 참된 교회의 경험을 아직 해보지 못한 이들이 나름 삶의 자리에서 하나님을 새롭게 바라보고 탐험할 수 있다면 나는 이 탐험대의 셰르파(목사)로서 이들을 격려하고 돕고자 한다. 현지 지형에 대한 경험과 신학적 성찰을 바탕으로 한걸음 뒤에서 또는 옆에서 조언도 하고 때로는 짐도 들어주면서 따로 또 같이 이 선교적 탐험의 여정을 이어가기를 소망한다.

시큼한 술냄새와 함께 목사가 목회를 해야지 돈도 안되는 책방을 왜 하냐고 물었던 이웃 아저씨와 그 다음날 아침에 다시 만났다. 지난밤의 그 만남은 서로에게 없었던 것처럼 가볍게 인사 정도를 나누었다. 국내 선교사라고 했던 내 대답의 진의가 무엇이었는지는 나도 정확하게 모르겠지만 있었는데 없었던 것 같은 그 만남 가운데 보이지 않는 하나님 나라의 씨앗이 심겨졌기를 기도하고 있다. '안녕하세요?' 정도의 인사, 평안을 전하는 그 말 한마디에도 책임을 져야 하는 것이 목사의 소명이자 숙명이라면 나는 아직 한참 멀었지만 말이다. 일터이자 삶의 현장에서 하나님 나라를 찾고 구하며 두드리며 살아가는 우리 모두에게 그리스도의 평안이 있기를 바란다.

새로운 선교적 공동체 운동
'식탁교회/예배(디너 처치)'[1]는
한국 교회의 대안이 될 수 있을 것인가?

성석환 소장
도시공동체연구소
장로회신학대학교 교수

팬데믹 종료 후, 교회가 어떻게 달라져야 하는지, 신학자들과 목회자들의 고민이 깊어졌다. 기존 신자들이 팬데믹 동안 새로운 환경에 목회자보다는 상대적으로 더 잘 적응한 것처럼 보인다.[2] '온라인 예배'를 '시청 혹은 관람'하고 헌금을 계좌로 입금했던 경험은 과거 경직된 신앙생활을 유연케 하고 다양성을 높이는 데 영향을 끼쳤다. 현재 현장 예배로 복귀한 비율이 80% 이상에 육박하지만, 현장 중심의 전통적인 예배와 신앙생활은 특히 젊은 세대가 복음을 접하기에 가장 효과적인 조건은 아닐 것이다. 또 이미 사회문화적 동질성을 공유하는 이들이 모인 신앙공동체에 이질적인 이들이 참여하기도 점차 어려워지고 있다. 이런 점

---

1   '디너 처치(Dinner Church)'가 미국 시애틀 지역에서 시작된 교회개척 운동이기 때문에, 이 글에서는 '디너 처치'라고 표기하고 한국적 적용에 관해서는 그 의미를 살려 '식탁교회/예배'로 혹은 '식탁교회/예배(Dinner Church)'로 표기할 것이다.

2   한 조사 통계에 따르면, '온라인 예배에 참석한 것에 대한 인식'에 대해 "나는 온라인으로 예배드려도 교회공동체의 일원이라는 생각이 든다."(그렇다 82%), "나는 온라인으로 예배에 참여할 때 목회자의 보살핌을 받고 있다고 느낀다."(그렇다 53%)이다. 〈지앤컴리서치, 2022.7.5.〉

에서 팬데믹 이후에 새로운 신앙형식과 공동체에 대한 필요성이 강력히 제기되고 있다.

'온라인 교회 혹은 예배'가 하나의 새로운 가능성이고 말할 수 있으나, '온라인 공동체'가 '오프라인 공동체'와 연동되지 않았을 때 친교와 나눔의 한계가 분명하다. 그래서 문화적 동질성을 중심으로 공동체를 넘어 다양한 사람들의 만남과 교제가 형성하는 교회의 본질을 회복할 필요가 있다. 이러한 질문에 응답하고자 시작된 '선교적 교회(Missional Church)' 운동은 여러 나라에서 다양한 실천을 낳고 있다. 이중 '디너 처치(Dinner Church)'는 기성 교회를 변화시키는 것이 아니라 교회개척 사례를 통해 실천되었다. 하나의 운동처럼 전개되고 있는 '디너 처지'는 새로운 구성원이나 이질적인 이들의 접근을 제한하는 전통교회의 예전적(liturgical) 예배나 기성교인 중심의 운영을 극복하고자 한다. 적어도 3세기까지 '처음 교회(ancient churches)'의 초기적 형태였던 '가정 교회' 혹은 '식탁 교회'를 그리스도인의 핵심적인 공동체적 본성과 문화로 재배치하고자 한다.

'디너 처치'의 두 가지 흐름

지금은 200여 교회에서 교단 차원의 공식적인 형태로 또는 비공식적인 도시선교의 여러 형태로 미국 전역에서 '디너 처치'가 개척되고 있다. 우리가 익히 잘 알고 있는 영국 성공회 '선교형 교회(Mission-Shaped Church)'의 교회개척 프로그램인 '교회의 새로운 표현(Fresh Expressions of Church)' 운동의 하나로 미국 성공회(Episcopal)에서 공식적으로 채택한 교회개척 프로그램이다. 이와 다른 흐름이 있는데, 이는 미국 성공회

교회의 운동과 공적인 관계가 없이 자생적으로 생겨난 도시선교의 한 형태로서 처음부터 식탁공동체였으며 풀뿌리형 모임이었다.

도시의 작은 공동체 운동에 가까운 형태는 뉴욕 브루클린에서 시작되었다. 2008년 즈음 시작된 '디너 처치'의 원형적 시도라 할 수 있는 교회는 미국 브루클린 지역의 '성 리디아의 교회(St. Lydia' Dinner Church)'[3]였다. 이 교회를 이끈 에밀리 스콧(Emily M. D. Scott) 목사와 레이첼 크로(Rachel Kroh) 목사가 보스톤과 뉴욕의 여러 신학교에서 얻은 예전적 (liturgical) 예배의 영감을 작은 식사 모임에서 실행하면서부터 시작되었다. 브루클린의 가난한 지역에서 시작된 이 식탁공동체는 격주로 모여 식사와 함께 공동의 기도, 공동의 말씀 읽기 등의 순서를 진행했다. 대부분 청년층이 모이는 이 교회는 주로 떼제 찬양을 부르고, 공동의 읽기와 예전적 순서의 예배를 드리며 식사를 함께 준비하고, 촛불과 조명을 활용한 종교적 분위기를 연출한다.

이후 '심플 처치(Simple Church, Grafton and Worcester)', '루트 앤 브랜치 처치(Root and Branch Church, Chicago)', '킨드레드 처치(Kindred Church, Houston)' 등의 교회들이 비슷한 모습으로 생겨났으며, 이들은 예전적 형식의 예배와 식사를 함께 나누었으며, '성례전적 삶'을 실천하려는 이들의 방문을 환영하였다. 식사 자체가 가장 중요한 예배순서가 되고, 거룩한 예배가 먹고 마시는 세속적 일과 분리되지 않아야 한다는 것이 중요한 관심사였다.

---

3 https://stlydiasliturgy.org/
   이 교회의 리더십은 현재 교체되었고, 오전에 모이는 예배 모임을 '와플 처치(Waffle Church)'로 부르고 있다.

여기서 '성례전적 삶'이란, 기존 예배처럼 순서에 따라 회중은 그저 관람만 하는 형식이 아니라 식사와 함께 모든 이들이 능동적으로 참여하는 가운데 발생하는 일상생활의 경험에서 하나님과 동행하는 공동체를 형성한다는 것을 의미한다. 그래서 기존 교회와는 달리 회중들의 적극적인 참여를 권장한다는 것이 큰 특징으로 주목받았다. 모든 이들이 음식을 요리하는 과정에 참여하고, 그런 행동이 곧 예배의 성례전적 의미를 강화한다는 것이다.

한편, 대중적으로 널리 알려진 '디너 처치'는 시애틀 도심지에서 시작되어 미국 성공회의 '교회의 새로운 표현들(fresh expressions of Church)'의 공식적인 교회개척 프로그램이 되었다. 이 '디너 처치'는 성례전적 공동체 형성과 구성원의 참여보다는 새로운 방문객이나 손님에게 초점을 맞추고자 한다. 1999년 부임하여 2007까지 시애틀 중심부에서 90년이 넘은 낡은 교회(Westminster Church)를 섬겼던 포스너 목사 부부(Verlon Fosner & Melodee Fosner)는 도심지를 떠나 교외로 이주하는 교인들이 많아지고 고령화되는 교회를 더 이상 교회를 유지하기 어렵다고 판단했다.[4] 부부는 교인들과 함께 교회매각과 교회 이전을 놓고 기도하고 있었는데, 그러다가 이 오래된 교회가 새로운 신자들이 진입하기 어려운 교회였다는 사실을 깨닫게 되었다.

포스너 목사는 자신의 회중들이 대부분 중산층이고 도심지의 가난한 이들이 교회의 문턱을 넘어서기 어렵다는 점을 파악하고서는 중산층 이

---

4   포스너 부부가 섬겼던 시애틀의 교회는 Assembly of God(AG) 교단이 시애틀에 처음 세운 교회였다. 도시가 쇠퇴하면서 교인 수가 급감하였다. 포스너 목사는 이후 영국에서 OMSC(Oxford Mission Studuies Centre)와 미주리 주에 위치한 Evangelical University에서 목회학 박사를 공부했다.

하의 이웃들을 자신의 집으로 초청하여 작은 식사 모임을 하기 시작했다. 그런데 놀랍게도 10여 년간 교회에서 목회를 하는 동안에 느낄 수 없었던 새로운 가능성을 발견하였고 이후 '디너 처치'의 여정이 시작되었다. 새로운 이웃들이 교회를 찾기 시작했고, 모임에 와서 자신들의 이야기를 나누며 복음을 듣기 시작했다. 단순히 밥을 먹으러 온 이들이 자연스럽게 공동체를 형성하게 되었다. 이후 이런 형태의 교회가 10개로 늘어나게 되었고, 150명에서 60명씩 각각 모이게 되었다.

죽어가던 조직 교회가 새로운 생명력을 가질 수 있었던 이유는, 바로 교회 본래의 목적에 단순하고 분명하게 집중했기 때문이었다. 예수님이 제자들과 하셨던 것처럼, 또 제자들의 처음 교회가 그랬던 것처럼, 복잡하지 않고 단순하게 음식을 나누며, 음악과 간단한 말씀 메시지가 전부인 식탁의 교제가 예배가 되고 교회가 되니 새로운 이웃들이 쉽게 교회 경계선 안으로 넘어오게 되었다. 이후 미국 성공회 교단(Episcopal Church)의 공식적인 프로그램으로 채택된 '디너 처치'는 현재 〈디너 처치 콜렉티브(Dinner Church Collective)〉[5]를 통해 여러 지역 교회를 지원하고, '디너 처치'를 배우려는 이들을 위한 학위과정(MA)도 개설했다.

포스너 목사는 2019년 복음주의 기독교잡지 〈크리스채니티 투데이(Christianity Today)〉와의 인터뷰에서 "디너 처치는 예수님의 식탁 신학(dinner table theology)'을 회복하고, 처음 사도 시대에 실천되었던 그 교회의 정신을 따르려 하는 것입니다"라고 증언했다. 제도화된 예전은 정작 새로운 이웃이 복음을 쉽게 이해하기는 일에 방해가 되기도 한다. '디너 처치'에 초청되는 이는 누구나 자유롭게 '무료로' 원하는 음식을

---

5   https://www.dinnerchurch.com/

먹을 수 있는데, 이는 그리스도께서 우리의 구원을 위해 모든 대가를 지급하셨다는 사실을 상징한다.

'디너 처치'의 '식탁/음식의 신학'

'디너 처치'는 죄인과 세리들과 주님이 함께 하셨던 '공동의 식탁(눅 15:1-2)'과 '음식의 신학(Food Theology)'를 추구한다. 모든 이에게 열려 있고, 모든 이에게 주어지는 음식을 만들기 위해 모든 이가 음식 만들기에 참여하기도 한다. '디너 처치'의 공동의 식탁에서는 성과 속이 구분되지 않고, 성직자와 평신도가 구분되지 않는다. 그래서 무엇보다 예배와 먹는 일을 구분되지 않음으로써, 예배를 거룩한 일로, 일상을 세속적인 삶으로 분리하지 않는다. 종교개혁 이후 개신교의 각 교단, 교파마다 나름의 제도와 예전을 발전시켜 왔는데, 이 전통이 오히려 복음을 자유롭게 만나는 일을 방해하는 것은 아닌지 성찰한다.

주님이 제자들과 세리, 죄인들과 함께 나눈 식탁의 의미를 팀 체스터(Tim Chester)는 이렇게 설명한다; "예수님의 식사는 뭔가 더 큰 것을 나타낸다. 새 세상, 새 나라, 새로운 시각을 나타낸다. 그리고 그 새로운 현실에 실체를 부여한다. 예수님의 식사는 단순한 상징이 아니다. 적용이기도 하다. 단순히 그림이 아니라 소규모의 실물이다. 음식은 물질이다. 개념이 아니다. 이론이 아니다. 그것은 말 그대로 음식이다. 우리는 음식을 입에 넣고 맛보고 먹는다. 그리고 식사는 음식 이상의 의미를 지닌다. 사교의 장이다. 우정, 공동체, 환영을 나타낸다."[6] 그는 함께 하는 식

---

6   Tim Chester, *A Meal With Jesus Discovering Grace, Community, and*

탁의 교제가 곧 선교가 구현되는 장이라고 주장하면서, 보통 기성 교회에서 대하는 식탁에서는 그런 것을 느낄 수가 없는데, 그 이유는 그러한 환대가 제도화된 탓이라고 보았다. 대신 서로의 집을 방문하여 따뜻한 음식을 함께 요리하며 나누는 것이야말로 주님이 하신 것처럼 하는 것이라 주장한다.[7] 그만큼 함께하는 식탁의 중요성을 강조한 것이다.

예수님의 식탁은 그 자체로 치유의 자리였고 구원의 자리였으며 천국의 잔치를 상징하는 것이었다. 그래서 그분의 식탁은 논쟁의 자리가 되기도 했고, 어떤 이들에게는 걸림돌이 되기도 했다. 그리고 주님의 식탁에 초청받는 이들은 주님 그 자신과도 마찬가지로 모두 경계선에 서 있는 존재들이었다. 어느 쪽에도 속할 수 없이, 소속감이 없는 이들이 천국의 잔치에 초청을 받았다. 부활 사건 이후 예루살렘에서 시작된 처음 교회들의 정체성 역시 비슷하였으며, 경계선에 있는 이들과 유대인이 함께 식탁에 앉는 공동체였다.[8] 포스너 목사는 심지어 '디너 처치'가 가난한 이들을 향한 주님의 선교적 당파성을 계승하고 있으며, 처음 교회의 본질을 회복하기 위해서는 가난한 이들과 함께하는 공동체가 더욱 많이 출현해야 한다고 주장한다.[9]

포스너 목사는 '디너 처치'가 주님이 유월절을 자유와 해방의 의미로 실천하신 것을 계승한다고 밝힌다. 그래서 현대판 유월절의 실천인 '디

Mission Around the Table, 홍종락 역, 『예수님이 차려주신 밥상: 때론 밥 한끼가 인생을 바꾼다』 (서울: IVP, 2013), 17.

7   위의 책, 145.

8   Verlon Fosner, *The Dinner Church Hand Book: A Step-by-Step Recipe for Reaching Neighborhoods* (Nashville: Seedbed Publishing, 2017), 11-13.

9   위의 책, 94.

너 처치'를 통해 고독한 현대인에게 가족과 사랑을 전하며, 체제에 저항하는 복음적 삶의 의미를 다시 성찰하고, 오늘 한계에 다다른 성장 중심의 교회 운영에 대한 대안을 마련하고자 한다.[10]

누가복음 15장에는 세리와 죄인들과 식사하시는 주님을 바리새인과 서기관들은 죄인을 영접하고 음식을 같이 먹는다고 수군거렸다(1-2절). 15장에는 '한 마리 양을 찾아 떠나는 목자의 비유', '한 드라크마를 되찾는 비유,' '돌아온 탕자의 비유' 등이 있는데, 잃은 것을 되찾았을 때의 기쁨은 언제나 이웃과 음식을 같이 먹는 잔치로 표현된다(6, 9, 23절). 이미 안전한 곳에 있는 이들이 아니라, 잃어버리거나 집을 떠나 불안전하고 위험한 이들이 초청 대상이다. 주님의 식탁은 언제나 그러한 선교적 현장이었고, 논쟁을 일으킨 자리였다. '디너 처치'는 주님이 그리고 고대의 처음 교회가 음식을 나눈 모범을 따라 공동의 식탁교제를 통해 하나님의 나라를 증언하려 한다.

그렉 마물라(Greg Mamula) 목사는 『Table Life: An Invitation to Everyday Discipleship』(2021)에서 "디너 처치가 교회를 새롭게 하는 오래된 해법일 수 있다"라고 적었다. 그는 시애틀의 포스너 목사의 이야기를 빌려 "'디너 처치'가 단순히 목회를 새롭게 할 뿐만 아니라, 교회의 사회적 사명을 새롭게 하는 도전을 주고 있다"[11]라고 설명했다. 그것은 '디너 처치'가 개인적 차원의 영성이나 예배에만 머물지 않고, 사회의 낙오된 이들과 소외된 이들을 포용하는 예배를 통해 하나님의 나라

---

10 https://freshexpressions.com/2021/08/23/dinner-church-something-historical-is-happening

11 https://medium.com/christian-citizen/dinner-church-an-old-model-may-be-the-answer-to-church-renewal-139f07f9decf

를 증언하는 일종의 도시선교적 공동체 운동의 성격이 있기 때문이다. 함께하는 식탁은 공동체에서 핵심적인 자리다.

그래서 '디너 처치'의 신학은 스스로 이미 '구원받은 자'라고 생각하는 기성 교인이 아니라, 이방인과 교회를 다니지 않는 이웃들을 초청하는 신학이다. 어려운 이웃들의 필요에 관심을 가지고, 그들의 가족이 되어주는 공동체의 의미를 '디너 처치'가 가장 잘 표현하고 있다. 예수님이 가난한 이들과 함께 나눈 식사를 오늘의 교회에서 재현하기 쉽지 않다. 그래서 '디너 처치'의 '공동의 식탁'과 '음식의 신학'은 기성 교회에게 강력한 선교적 도전을 제기한다.

이러한 새로운 교회를 개척하는 흐름과 상대적으로 기성 교회를 변화시키려 하는 다소 진보적 성향의 교회들은 '디너 처치'를 통해 가난하고 소외된 이웃들과 하나가 되며 전통적인 교회의 형식이나 제도에 대해 도전하기도 한다. 시카고의 〈루트 앤 브랜치 처치(Root & Branch Church)〉[12]의 초기 리더였던 팀 킴(Tim Kim) 목사는, 교회가 성장하자 사람들이 서로를 잘 알고 더 깊이 교제할 방안이 필요했고, 결국 교회를 소규모 공동체인 '디너 처치' 형태로 전환했다. 그는 '디너 처치'의 신학을 '모자이크 신학'이라 칭한다. 모두의 얼굴에서 하나님의 작은 조각들이 한 공동체를 만들어 가는 것이다. 여기에는 큰 비용과 건물이 필요가 없다. 공원이든 카페든 어디서든 함께 만나 식사를 하며 단순한 예배의 순서를 가지면 된다.

---

12 https://www.rootandbranchchurch.org/about 이 교회는 회중 교회 전통을 가진 교단(Disciples of Christ)에 속했으며, 전통적인 교리나 직제를 거부하고 회중 중심의 운영과 예배를 지향한다. 그래서 성적 소수자들도 환영하는 등 급진적인 성향도 있지만 동시에 오직 성경만을 의지하려는 신앙고백을 가지고 있다.

'디너 처치'에 대한 참고서 중, 뉴욕 최초의 시도로 알려진 〈성 리디아 처치〉를 비롯하여 10여 개의 교회를 탐구한 켄달 밴더슬라이스 (Kendall Vanderslice)는 『*We Will Feast: Rethinking Dinner, Worship, and the Community of God*』(2019)에서 그 신학을 잘 설명하고 있다. 켄달은 보스톤 신학교에서 음식과 신학에 관한 수업을 듣고, '디너 처치'를 시작하려는 지역교회 목사인 에밀리와 교제하면서 그 신학을 깊이 탐구했다. 그러나 그 실천은 '디너 처치'의 모토처럼 매우 단순하고 명확하다.

켄달은 '디너 처치'의 신학이 "음식 그 자체(meal itself)"라고 말한다.[13] 여기에는 진보적 신학인가 보수적 신학인가, 혹은 진보적 교단이나 보수적인 교단이냐의 구분이 필요 없다. 우리는 모두 동일한 인간으로서, 그리고 '하나님의 형상'으로서 모두 음식을 통해 생존해야 하기 때문이다. 또 장소나 시간의 구분도 필요 없다. 모든 곳에서, 모든 시간에, 모든 이들에게 '디너 처치'의 '공동의 식탁'은 음식을 나누는 교회가 되게 하며 가족이 되게 한다. 그녀는 "복음은 곧 음식의 이야기였다"라고 말한다. 창조, 타락, 십자가, 부활, 새 하늘 새 땅의 이야기가 모두 먹고 마시는 것으로 시작하고 마쳤다는 것이다.

켄달은 여러 유형의 '디너 처치'를 탐방하면서 교회의 개념이 완전히 달라졌다. 주님께서 제자들에게 먹고 마실 때 '나를 기억하라'라고 하신 말씀이 진정으로 무엇을 의미하는지 알게 되었는데, 식탁공동체를 이루며 주님의 몸과 피를 나눈다는 것이 구체적으로 어떤 관계를 요청하는

---

13 Kendal Vandershlice, "Introduction," in *We Will Feast: Rethinking Dinner, Worship, and the Community of God* (Grand Rapids: Eerdmans, 2019), 1.

지 깨닫게 되어 지금까지 제대로 몰랐다는 사실에 스스로 놀랐다. 인간이 만들어 놓은 경계선, 계급, 구분을 넘어서서 진정한 새로운 형제, 자매의 관계가 탄생하는 것이 교회인데, 기성 교회에서는 이제 좀처럼 경험하기 힘든 일이 되었다.

또 한 가지 주목해야 할 신학적 강조점은, '디너 처치'는 '상황적'으로 실천되어야 한다는 것이다. 켄달도 언급하지만, 앞서 언급한 시애틀의 포스너 목사도 그의 저서 『*Dinner Church*』(2017)에서 이 부분을 강조한다. 그가 처음 '디너 처치'를 시작할 때 먼저 한 일이 시애틀이라는 도시를 사회학적으로 이해하는 것이었다고 증언한다. 도심지 인구가 점차 줄어들고 공동화되는 상황에서 공동체적 유대감이 약화되는 도시의 변화를 객관적으로 파악하는 것이 필요했다는 것이다. 포스터 목사는 자신이 목회하는 교회가 도심지 한가운데 위치했지만, 여러 가지 면에서 도시인들로부터 고립되어 분리되어 있었다는 사실을 알게 되었다.[14]

도시인들의 필요에 반응하기보다는 건물을 지어놓고 사람들이 오기만을 기다렸으니, 당연히 멋진 건물과 공간에 어울리는 이들만 찾게 되었다. 시애틀의 대부분을 차지하는 일반적인 사람들, 어딘가 쉴 곳과 의지할 곳을 두리번거리며 찾는 이들에게 교회는 필요하거나 중요한 곳에 포함되지 않게 되었다. 포스너 목사는 이러한 상황을 현대 교회가 암에 걸린 것이라 표현한다. 그는 새로운 교회 공동체의 비전을 수립하기 위해서는 신학적 기반만이 아니라 실제적인 근거를 마련할 수 있는 '사회적 구조(Social Structure)'가 필요하다고 주장한다.

---

14 Verlon Fosner, *Dinner Church: Building Bridges by Breaking Bread* (Franklin: Seedbed, 2017), Kindle ed., 367 of 2158.

그래서 '디너 처치'의 신학이 새로운 교회의 사회적 구조가 되려면, 종교개혁이라는 옛 부대를 버리고 새 부대를 찾아야 한다.[15] 포스너 '디너 처치'를 지역선교의 한 활동처럼 여기면 안 되고, 또 흔히 가난한 이들을 위한 도시선교 프로그램으로 인식하는 '푸드뱅크'도 아니며, 시민단체 활동으로도 오해되어서는 안 된다고 강력히 주장한다. 심지어 파라 처치 운동도 아니다. '디너 처치'는 그 자체로 온전한 교회이며, 새로운 시대적 요구에 적합한 새로운 표현으로 복음을 증언하는 것이다.

그래서 '디너 처치'는 유일한 모델이나 전형이 있을 수 없다. 장소마다 다른 상황에서 초대교회의 그 본질적 존재 양식을 재현하려는 새로운 시도이어야 한다. 교회가 더 이상 이미 구원받았다고 생각하는 이들에게 종교 서비스를 제공하는 조직이거나 사교적 집단이 되어서는 안 된다. 교회를 다니지 않는 이들을 위한 교회로서, 인간에게 가장 필요하고 기초적이며 단순한 '공동의 식탁'에 초대하여 함께 인생과 복음을 이야기하는 교회가 되어야 한다.

'디처 처치'를 실험하고 실천하려는 이들은 사도행전 2장과 4장에 나타난 예루살렘의 처음 교회에서 모범적 사례를 찾으려 한다. 마가의 다락방에 성령이 임하신 후 사람들이 함께 모여 기도하였고, 함께 밥을 먹었으며, 함께 물건을 통용하며 필요에 따라 나누어 사용했다. 그들은 고립된 공동체였거나 집단적으로 세속적 삶과 분리되어 살아가는 공동체도 아니었다. 예루살렘 한가운데 존재했던 '식탁공동체'는 현대 그리스도인에게 비현실적으로 느껴지는 것이 어쩌면 당연하다.

그러나 '디너 처치'의 지도자들은 그 '처음 교회'의 비전을 존중하고

---

15 위의 책, 1189.

오늘의 상황에 맞게 그것을 재현하려 노력해야 하는 것은 선택사항이 아니라고 생각한다. 그것은 우리가 끊임없이 상황과 문화적 조건에 적합한 방식으로 재해석해야 하는 원형적 모습이며, 그것은 아직 복음을 만나지 못한 이들을 위해, 사회적으로 약자이며 고립된 이들과 함께 음식을 나누는 복음적이며 선교적인 공동체다. 제도화된 체계 안에서 형식적 예전과 교리로 채워진 예배에 회중이 관람자처럼 수동적으로 반응하는 방식은 우리가 회복해야 할 처음 교회의 모습과 다르다는 것이다. 함께 먹고 마시는 행위 자체가, 음식을 나누는 것 자체가 예배였고, 처음 교회의 가장 큰 특징이었다. 이것은 교회를 혁신(innovation)하려는 것이 아니다. 이것은 교회를 다시 회복(recovery)하려는 것이다.

다만 한 가지 신학적 보완이 필요하다면, '디너 처치' 운동의 교회론적 전망을 더 명확히 제시할 필요가 있다. 사실 전통적 교회의 형식적 한계를 극복하려는 노력은 다양한 이름으로 전개되었다. '이머징 처치(emerging church)', '유기적 교회(organic church)', '가정 교회(house church)' 등을 거쳐서 '선교적 교회(missional church)'에 이르기까지 문화직 직응싱(relevancy)이나 힝식적 유언성을 표방하면서노 교회론은 대부분 삼위일체론에 토대를 둔 것이었다. 삼위 하나님의 관계성을 교회가 표현해야 할 성도의 교제에 투영하였고, 교회와 그리스도인의 삶을 삼위일체 하나님과의 관계성 속에서 세계와 타자와의 관계성으로 확장하는 신학적 전망을 공유하였다. 그래서 교회는 공동체적이며, '디너 처치' 역시 성도의 교제와 공동체적 관계성이 삼위일체 하나님의 관계적 본성에 의존해 있음을 명확히 해야 한다.[16]

---

16 '이머징 처치'를 삼위일체론적 관점에서 평가하는 스티브 테일러(Steve Taylor)는 이

'선교적 교회'로서의 '디너 처치', 그리고 한국적 적용: '식탁교회/예배'

선교적 교회의 지도자 중 한 사람인 마이크 프로스트(Mike Frost)는 "'디너 처치'가 유일한 그리고 가장 좋은 방법이라고 말하려는 것이 아니다. 그것은 '선교적 교회'의 새로운 시도이다"라고 자신의 블로그에서 말한다.[17] 그는 분명 '선교적 교회'의 관점에서 '디너 처치'를 다룬다. 시애틀에서 시작된 '디너 처치'는 미국 성공회 '교회의 새로운 표현들(FX)'의 교회개척 운동으로 공식화되었으니 틀린 분석도 아니다.

다만 북미의 초기 '선교적 교회' 운동보다 사회학적 상황화를 더 민감하게 고려하는 경향이 있다. 영국 성공회의 '선교형 교회(Mission-Shaped Church)'의 흐름을 '디너 처치'가 따르고 있다는 점에서, 단순히 '선교적 교회'의 또 다른 한 실천만이 아니라, 보다 단순하고 분명하고 실제적인 방법으로 복음을 상황화하려는 모험으로 볼 수 있다. 북미의 '선교적 교회' 운동이 교회성장론에서 벗어나지 못한 한계를 미국이나 한국의 대형교회들에서 볼 수 있는데, '디너 처치'는 애초에 그런 대형 체계의 구조에서는 그 실천이 불가능하다.

물신주의 원리를 그대로 인정하고 세속주의에 순응한다면, '선교적

러한 새로운 교회공동체가 '둥근 탁자'를 중심으로 형성된다는 상징적 내러티브를 적극 활용한다. 모든 것이 허용되며, 모든 대화가 가능하며, 모든 이들의 만남이 가능한 둥근 탁자에서의 만남이 삼위일체에 의존하는 공동체의 모습이라고 말한다. Steve Taylor, *Out of Bounds Church: learning to create a community of faith in a culture of change*, 성석환 역, 『교회의 경계를 넘어 다시 교회로』 (서울: 예영커뮤니케이션, 2008), 148.

17   https://mikefrost.net/dinner-church-anyone

교회'를 실천하기란 얼마나 어려운 일이었는가? 더구나 개교회주의에 편승하는 교단, 교파의 틀을 그대로 유지하는 기성 교회의 예배공동체 가 과연 본연의 '선교적 교회'를 실현할 수 있을 것인가? 이 질문에 대한 성찰적 응답이 결국 '디너 처치'라는 새 부대를 필요하게 만들었고, 보 다 단순하고 명확한 실천으로 복음을 증언하는 개방된 공동체의 탄생을 가능하게 했다고 본다. 주님을 만나고 식탁을 나눈 이들의 삶이 그러했 듯이 말이다.

팬데믹 동안 한국 교회의 새로운 존재 양식에 대한 논의가 무성했다. 예컨대 '온라인 예배/교회'에 대한 신학적 정당성과 기술지원, 그리고 인원 및 재정감소에 따른 목회적 대응이 그러한 논의 중 하나였다. '고 비용(유지비용) 저효율(선교적 효과)'의 구조를 '저비용 고효율'로 바꿀 수 있는 절호의 기회로 많은 이들이 '온라인 교회/예배'의 가능성을 모색 했지만, 팬데믹이 끝나자 언제 그랬냐는 듯 현장 예배로 복귀하였고, 팬 데믹 동안 경험한 실험과 모험의 기회를 바로 사장해 버렸다. 내적 연대 와 동질성을 더욱 강화하여 회중의 이탈을 차단하려는 프로그램들이 작 동하면서, 새로운 교회를 향한 모색은 우선순위에서 밀려났다. 수적 정 체에 직면하고, 사회적 신뢰도가 하락하면서 이제 근본주의적 신앙 형 태가 주류가 된 상황인데, 과연 향후 10년 뒤 한국 교회에 복음을 제대 로 표현할 능력이 남아 있을지 걱정이다.

분명 '온라인 교회/예배'는 현실 세계의 공동체보다 임시적이거나 열등한 것이 아니라, 또 하나의 동등한 신앙공동체의 선교적 장으로 인 식하고 그에 맞는 '온라인 예전과 공동체'의 신학적 제안이 필요했다. 불가피한 재정감소 국면에 계속 건물과 공간에 막대한 예산을 지불하는 방식이 앞으로 계속 유지되기란 어려운 것이 분명하다면, 그래서 '디너 처치'와 같은 소규모 식탁공동체를 활성화하거나 한국적 상황에 맞는 '밥상공동체 교회'의 형태로 개척하는 방안도 적극 모색해야 하는 또 하나의 가능성이다.

한국적 상황에서 '디너 처치'는 식사 문화나 초청 문화의 차이를 고려하여, '식탁 교회/예배'로 부를 수 있다. 미국 성공회의 교회 개척 운동의 흐름은 '식탁 교회'로 함께 식사한다는 의미로 저비용으로 교회를 개척하는 하나의 방안으로 적용할 수 있을 것이다. 예전적 예배와 공동의 식사를 통해 공동체 형성을 지향하는 흐름은 '식탁 예배'는 기성 교회의 작은 모임이나 청년부 등의 모임을 전환하여 예배의 진정한 의미를 회복하여 공동체적 문화를 형성하기 위해 적용할 수 있을 것이다. 양 흐름 모두, 경쟁과 고립의 고통에 노출된 한국 사회의 약해진 사회적 연대감을 회복하는 도시공동체 운동으로서도 큰 의미를 부여할 수 있을 것이다. 공동체적 관계성이 사라지고, 이른바 '독자생존'의 문화만 강력한 생존의 법칙처럼 개인의 일상을 지배한다면, 앞으로 우리가 살아갈 세상은 매우 고통스럽고 사람들은 더 이상 신앙에 관심을 두지 않게 될 것이다.

더 단순하고 개방적인 신앙공동체의 양식과 예배의 형식이 제공되어야 한다. 뉴욕의 '성 리디아 디너 처치'가 처음 성례전적 식탁을 고안할 때 매우 간단하고 회중의 참여가 보장된 예배순서가 제공되었기 때문에, 누구도 부담 없이 방문할 수 있었다. 어떠한 제한도 경계도 없이, 누구나 조건 없이 와서 식탁의 나눔과 거룩한 교제에 참여하며 하나님의 나라를 맛보는 것 자체로 '교회'이며 '예배'가 되었던 것이다.

한국의 교회개척 모델은 지나치게 큰 비용을 준비해야 한다. 그러나 개척교회를 섬기는 목회자 대다수가 재정적 어려움 때문에 '이중직/자비량 사역'을 하고 있다. '식탁 교회/예배'가 특히 한국에서 유용한(?) 교회 개척의 모델이 된다면, 그것은 무엇보다 불필요한 비용을 줄이고 본질에 충실한 공동체 형성을 모색할 수 있기 때문일 것이다. 2007년에 '디너 처치'를 개척하기로 한 포스너 목사 부부는 기존 교회를 임대 공간으로 전환하였고, 거기서 발생하는 수익금을 여러 작은 '디너 처치'의 개척 자금으로 사용하였다. 〈디너 처치 컬렉티브(dinner church collective)〉의 목회자 대부분은 '자비량/이중직'의 사역 형태인데, 여전히 안정적인 임금을 보장받지는 못하고 있다. 그러나 그들 대부분은 다시 과거 형태의 제도적이고 형식적인 교회로는 돌아가지 않을 것이라고 고백한다.

'디너 처치'를 한국적 상황에 적용하기 위해 다루기 부담스러운 주제가 있다. '식탁 교회/예배'가 기성 교회 혹은 교단의 체계를 위험하게 만드는가? 우리가 '식탁 교회'이든 '선교적 교회'이든 팬데믹 이후의 새로운 교회의 비전을 고민할 때 반드시 넘어서야 하는 제도적 장애물 중하나가 바로 '교단/교파 체제'다. 리처드 니버(Richard Niebuhr)는 일찍이 『The Social Resources of Denominationalism』(1929)에서 교파주의는 교회의 도덕적 실패라고, 그래서 교회의 분열은 정치적 권력화, 경제적 계급화의 결과라고 비판했다. 오늘 한국 교회가 겪는 대부분의 폐해는 바로 이 '교파주의'에 근거한 '개교회주의'에 많은 부분 그 원인이 있다. '식탁 교회/예배'는 초교파적인 개척교회 혹은 공동체 운동으로 전개되고 있으며, 교단을 넘어 서로 협력하고 지원한다. 독립 교단에 속한 교회들이 오히려 더 적극적으로 대처한다. 앞으로 한국 교회는 이런 탈제도적이며 초교파적 도전에 계속 직면하게 될 것이다.

많은 '식탁 교회/예배'의 지도자들은, 이 예배가 사적 예배가 아니라 공적 예배라는 점을 강조해야 한다. 식사 모임이라고 해서, 사적인 사교적 만남이 아니라 분명히 처음 교회가 했던 것과 같이 주님을 기억하고 서로 복음을 나누는 공적 예배라는 점을 명확히 해야 한다. 개교회주의는 일부 교권주의자들의 정치 행위 때문에 본연의 선교적 방향을 상실하게 되는 경우가 많은데, 오히려 탈제도적인 '식탁 교회/예배'가 복음의 공공성의 표현이고 사회적 신뢰를 회복하는 통로가 될 수 있겠다.

일부 비판자들은 이런 형식의 예배가 인본주의를 따르고, 하나님을 경배하기보다는 인간의 친교와 음식에 과도하게 집중한다고 비판한다. 하지만 정작 교회의 본질을 훼손한 이들은 교리와 형식에 과도하게 집착한 유대인 율법주의자들이었다는 사실을 성서에 나타난 갈라디아 교회나 고린도 교회의 분쟁들에서 명확히 알 수 있다. 신학적 점검이 분명 필요하겠지만, 복음은 인간이 만든 규칙과 제도를 넘어선다. 식사는 제도가 아니라 삶이다.

'식탁 교회/예배'는 한국 교회의 대안이 될 수 있을까? 또 하나의 성장과 생존을 위한 프로그램으로 전락해 버리는 것은 아닐까? 예배의 회복을 명분 삼아 다시 건물과 공간 중심의 공동체를 공고히 하려는 것은 아닌가? 그러나 팬데믹 이후 표면상 과거로 복귀하는 것처럼 보여도, 이미 신앙생활의 변화는 시작되었고, 이 변화는 앞으로 거스를 수 없는 변화를 수반하게 될 것이다.

우리는 이전으로 돌아갈 수 없고, 다른 방식으로 살아가야 하는 디지털 대변혁의 세상에서, 교회가 그 대안적 삶의 방식을 선도하는 사회적 공간이 될 수는 없는가? 한국 사회에서 신앙공동체가 '식탁 교회'를 통해 복음을 표현한다는 것은, 사회적으로도 많은 함의를 내포한다. 분열과 경쟁에 지친 현대인에게, 특히 불공정하고 불평등한 삶에 소외된 도시인들에게 '식탁 공동체'는 누구에게나 공정하고 동등한 만남에 초대하는 새로운 공동체가 될 것이다. 마치 예루살렘에서 시작한 처음 교회가 전통적이고 위계적인 종교 이데올로기에 지친 이들에게 새롱누 공동체를 맛보게 했던 것처럼 말이다.

우리도 이제 그 처음 교회처럼 승자독식, 각자생존의 방식과 전혀 다른 삶의 방식을 단순하고 명확히 증언할 방법이 필요하다. '식탁 교회/예배'가 단순히 함께 먹고 마심으로써 가장 본질적이며 원형적인 공동체를 회복할 수 있지 않을까? 복잡한 형식과 제도를 걷어내고 삶을 나누는 공동체가 바로 교회이다. 동시에 어떤 조건도 없이 누구든 잔치에 초청하여 기쁨을 나누는 공동체, 세상이 강요하는 어떤 구분과 배제도 없이 모든 이를 환대하는 정직한 공동체가 바로 세상에서 가장 급진적이며 거룩한 교회다. "유대인이나 헬라인이나 종이나 자유인이나 남자나 여자나 다 그리스도 예수 안에서 하나(갈 3:28)"가 되는 진정한 자리는, 누구든 예외 없이 배고픔을 채워야 하는 겸손하고 정직한 식탁이다. 그 식탁 위에서 주님은 둘러앉은 모든 이에게 영원히 "생명의 떡"(요 6:35)이시다.

사례. 〈코네스트 공동의 식탁 교회
The Common Table Community Church@Conest〉

'디너 처치' 운동의 한국적 적용과 실험을 위해 서울 양재동 '청년주택아파트 코네스트' 22층 식당 옆의 작은 공간에서 입주 청년들을 초청하여 일요일에 예배와 식사를 함께 하는 소규모 모임을 가졌다. 엘리베이터 홍보판에 공지하였으며, 자발적으로 참여한 입주자들은 서로 일면

식이 없는 상태였다.

1. 우리 식탁 예배는 이렇게 실행했습니다.

2024년 3월 31일(부활주일)에 시작하여 5월 26일까지 '공동의 식탁 예배'는 오후 1시에 식사와 함께 진행하였다. 예배는 장신대 교수 성석환 목사와 신대원생 김나영 전도사 및 안수집사(건물관리자)가 헌신하며 섬겼다. 참여자는 스스로 이름을 밝히기 전까지는 자신이 원하는 별명을 적은 스티커를 달도록 하였고, 서로 그 별명을 부르도록 하였다. 촛불과 장식으로 분위기를 정돈하였고, '공동의 기도문'을 함께 낭독하였다. 찬양은 주로 떼제 찬양으로 쉽게 따라 부르도록 하였다. '공동의 식사'를 예배와 함께 나누며 지난 주간 가장 기억에 남는 식사에 대해 나누었다. 설교자는 주로 식사와 환대의 주제로 말씀을 나누었고, 예배를 마친 후에는 함께 애프터 모임을 가졌다. 각자 자신이 소속한 교회가 있었고, '식탁 예배'는 무료 식사를 지원하되 헌금이나 재정적 부담은 요구하지 않았다. 6월에 1박 2일로 강원도 강릉에서 수련회를 가짐으로써 공식적인 실험적 예배 모임은 종료되었고, 이후 노숙인을 돕는 봉사활동 및 영화 보기 등 친교 모임을 부정기적으로 진행하였다.

2. 교인들은 이런 피드백을 주셨습니다.

코네스트 공동의 식탁 예배에 참석한 이들은 모두 미혼 청년들이었다. 소속한 교회가 있었지만, 이 모임에 참석하는 동안 식사와 겸하여 편한 대화가 가능하고 경직되지 않은 분위기가 긍정적인 평가를 받았다. 설교자는 '식탁 예배'가 그 자체로 교회이며, 누구와 식사하든 일상의 모든 식탁이 환대와 섬김의 자리이며 예배가 된다는 메시지를 반복적으로 나누었다.

참석자들은 자신들이 과거에 참여했던 예배나 교회 활동에 비해서 친밀한 교제를 나눌 수 있었다며 앞으로도 이런 모임을 통해 신앙의 의미가 새롭게 변화되기를 원했다. 1박 수련회에서 참석자들은 자신들의 이름을 공개했으며, 서로의 친밀한 교제의 깊이를 더했다. 개인사와 과거의 어려운 기억을 나눌 수 있었다. 이들은 기성 교회와 같이 명시적 소속을 가진 교회는 아니지만, 이 만남과 교제를 교회로 인식하고 자신의 지인들을 이후 초청하기 시작했다.

청년들은 기성 교회에서 느끼는 경직된 분위기가 복음과 교제에 참여하기 어렵게 만든다고 말한다. 봉사와 섬김을 강요받거나 불친절한 구조에서 느끼는 압박감을 느낀 기억들이 대부분 있었는데, 단순히 식탁을 함께하는 공동의 식탁 예배가 그러한 거부감을 없앴다고 느꼈다. 떼제 찬양은 생소했으나, 반복적이며 단순한 찬양에 큰 어려움 없이 적응했고 식사를 함께한다는 것의 신학적 의미에 대해서도 어느 정도 이해할 수 있었다고 말했다.

조직 교회가 아니었기 때문에 참석자는 어떤 제도적인 요청을 받지 않았다. 청년들에게는 부담을 줄이는 장점이지만, 이 모임이 지속하기 위해서는 참석자들이 소속감을 느끼고 자신에게 요청되는 신앙적 책임을 감당해야 한다. 그런 단계로 성장하지 못했는데, '소속감'을 어떻게 요청하고, 신앙공동체를 위한 헌신(헌금)을 어떻게 제안할 수 있을지가 과제이다. 무엇보다 '공동의 식탁 예배'가 참석자들만을 위한 교회가 아니라 복음을 전하고 세상을 위한 교회로서의 선교적 정체성을 갖는 데 필요한 조직과 제도를 갖추는 일은 이 도시공동체가 향후 더욱 계속 교회가 되려면 꼭 필요한 일이다.

3. 목회자로서 이런 도전을 받았습니다.

이 모임의 설교자는 목회 사역을 하지 않고 있었기 때문에 이런 실험적 예배를 실행할 수 있었다. 몇 명이 참석할 것인지 가늠할 수 없는 상황에서, 헌신적인 김나영 전도사와 건물을 내어 준 안수집사 OOO의 도움이 없었다면 불가능했을 것이다. 미국의 '디너 처치'를 도시공동체의 한 표현으로, 그리고 복음의 역사가 시작된 처음 교회의 그 모습을 본받아, 단순히 함께하는 식탁이 교회가 된다는 신학적 의제를 실체적으로 만드는 일은 매우 조심스러운 일이다. 무엇보다 예배신학자가 아닌 입장에서, 이 '식탁 예배'를 한국 교회에 제안했을 때 마주할 신학적 질문들에 대한 두려움이 있었다. 그러나 '선교적 교회'를 전파하고 제안해 온 신학자로서 '디너 처치'를 한국적으로 적용하여 '선교적 교회'를 구체적인 형태로 발전시키려는 열망이 있었기 때문에 과감하게 시도하였다.

청년들은 성직자의 태도와 신학적 관점에 따라 지금보다 훨씬 더 깊은 신앙인으로 얼마든지 훈련될 수 있다. 그들의 사회적 삶에 대한 무지에 비롯된 기성 교회의 억압적이고 강제적인 강요는 그들을 신앙적으로 고립시킨다. 이 예배를 드리는 동안 이들의 직장 생활과 신앙적 고민을 나누면서, 현실적이고 실제적인 선교적 현장을 볼 수 있었다. 이들의 사회적 삶은 불안으로 가득하다. 안정적인 삶과 미래를 갈망하지만 지금 모두 움츠려 있다. 교회는 이들에게 환대와 환영의 공동체가 되어야 한다. 예배를 공연처럼 만들어 감정에만 호소하는 것도, 각종 훈련 프로그램을 강요하여 제도적 구조 안에 가두는 일도 이들에게는 복음을 만나는 장애물이 될 수 있다. 식탁과 식사 행위의 신학적 의미를 반복적으로 해명하고, 일상이 예배가 되고 식사가 하나님을 만나는 자리라는 인식이 깊어지면서 이들은 과거의 신앙과 다른 신앙의 색깔을 찾아가기 시작했다. 앞으로도 부정기적으로 이들과 교제하며 주님과 교제하는 도시의 신앙공동체를 이어갈 수 있기를 기대한다.

4. 자료(사진/예배순서/준비 과정 등의 자료들)

● 홍보문

초청합니다!

여러분을 코네스트 〈공동의 식탁 모임〉에 초청합니다.
We Invite You!
We are the Common Table Community/Church @Conest.

코네스트에 입주하신 분과 이웃을 공동의 식탁교제에 초청합니다. 우리는 함께 식탁을 나누며 개신교회 신앙의 교제를 나누기 원하는 분들을 환영합니다.

우리는 이단이나 사이비 모임이 아니며, 장로교 신앙 전통을 따르는 도시의 새로운 신앙공동체를 만들어 가려고 합니다.

당분간 이 모임은 대한예수교장로회(통합) 장로회신학대학교(광나루)에 재직 중이신 성석환 교수께서 인도합니다.

첫 번째 모임을 3월 31일(주일) 오전 10:30에 코네스트 식당에서 시작합니다.

CTCs는 이런 모임입니다.

1. 공동의식탁공동체(CTCommuinty)는 어떤 조건과 자격 없이 같이 식사하는 그리스도인의 모임입니다.
2. 공동의식탁교회(CTChurch)는 예수 그리스도께서 죄인과 환자들을 먼저 환대하시고 소외된 이들의 이웃이 되어주신 모범을 따라 모이는 그리스도인의 모임입니다.
3. 공동의식탁코네스트(CTConest)는 청년의 눈으로 청년을 위한 청년의 모임이며, 청년을 사랑하는 이들의 모임입니다.

CTCs의 신앙고백

1. 우리는 도시의 새로운 공동체를 세우기 위해 삼위일체 하나님께서 우리를 오늘의 도시로 파송하셨다고 고백합니다.
2. 우리는 이웃과 함께 식탁을 나누며 교회가 된다고 고백하며, 또한 우리의 이웃을 식탁에 초청하여 섬기는 것은 선교적 사명이라고 고백합니다.
3. 우리는 공동의 식탁에 참여하는 모든 이웃을 환영하며, 다양한 신앙

의 전통과 새로운 창조적 표현을 통해 삼위일체 하나님이 새로운 공동체를 세우실 것을 고백합니다.

● 코네스트 식탁 예배 순서

〈공동의 식탁 공동체/교회, 코네스트〉
The Common Table Community Church@Conest

10:45-10:50 Come On! & Coffee

10:50-11:00 Common Table Setting & Candling / 환영

11:00-11:10 Common Confession & Songs * / 다 같이, 찬양팀

11:10-11:20 Common Table Story ** / 설교자 또는 담당자

11:20-11:30 Common Life Story *** / 다 같이, 스텝

11:30-11:45 Common Bible Story **** / 설교자

11:45-12:00 Common Sending & Benediction ***** / 찬양팀, 설교자

* Common Confession(공동의 고백)

우리는 그리스도 안에서 하나입니다. 우리는 예수 그리스도께서 우리 모두의 주님이시며 그분은 우리를 하나가 되게 하십니다. 우리는 서로 섬기고 사랑하며 신비로운 공동체에 참여합니다. 주님은 우리 모두를 공동의 식탁으로 초청하십니다. 우리는 이 식탁에서 모두 하나가 됩니다. 함께 나누는 공동의 식탁에서 우리는 복음을 만나고 삼위일체 하나님을 만납니다. 우리와 함께 하소서. (주의 기도문) 아멘.

찬미하여라(Bless the Lord)

Music : Jacques Berthier(1923-1994)

** Common Table Story(공동의 식탁 이야기)

오늘 함께 하는 식탁의 의미를 성서의 식탁 이야기를 통해 나눕니다.

*** Common Life Story(공동의 생활 나눔)

공동의 식탁을 나누며, 지난 주간의 삶을 나누게 됩니다.

사랑의 나눔(Ubi caritas)

Music : Jacques Berthier(1923-1994)

**** Common Bible Story(공동의 성경 말씀)

설교자가 성경의 이야기를 나눕니다.

***** Common Sending(공동의 파송과 기도)

찬양을 나누고, 서로를 위한 파송의 기도 후, 설교자의 축도 혹은 파송의 기도로 공동체 예배를 마칩니다.

두려워 말라(Nada te turbe)

Music : Jacques Berthier(1923-1994)

부록

도시공동체연구소의 발자취
(2010-2024)

배혜인 간사
도시공동체연구소

"우리의 사명은
교회가 지역사회의 일원으로서
공동체를 세우는 일에 헌신하도록 지원하는 것이다."

〈도시공동체연구소(이하 도공연)〉는 2010년 3월, 지역과 공동체, 그리고 한국 교회의 변화에 대한 갈망을 공유하고 비전을 나누던 몇몇 목회자들과 신학자들이 함께 모여 만든 네트워크 기관이다. 연구소는 한국 사회로부터 신뢰를 받지 못하고 변혁적 능력을 상실한 한국 교회 영성을 회복하기 위해 도시 속에 지역공동체를 세우고, 공동선을 추구하며 더 나은 사회와 교회를 만들어가기 위해 설립되었다.

도공연은 목회자와 신학자가 함께 협력하여 지역교회와 지역사회에서 실천할 수 있는 방법론들을 제시하는 연구 및 세미나, 컨퍼런스, 스터디, 네트워크 모임 등을 진행해 왔다. 도공연이 설립된 2010년도부터 초기 5년간은 지역문화 조사를 바탕으로 한 지역공동체운동 세미나와 도시목회 세미나를 열었다. 대표적인 프로젝트로는 2010년 월 1회씩 진행된 "창조적 도시목회자 포럼", 2011년 대학로 지역공동체 세우기 세미나인 "창조적 대학로 만들기", 2012년 지역순회 세미나인 "선교적 교회가 지역공동체를 세운다!", 2013년 "한국적 선교적 교회를 위한 대화와 토론 세미나" 등이 있다.

이후 2016년 10월, 도공연에서 7기까지 진행된 '선교적 교회 연구 모임'을 통해 〈한국선교적교회네트워크(The Missional Church Network in Korea: MCNK, 이하 MCNK)〉가 세워졌다. MCNK는 지역교회 목회자들이 함께 '선교적 교회'의 비전을 꿈꾸며 오늘의 시대에 교회를 새롭게 표현하기 위해 애쓰는 목회자 운동으로써, 도공연과 MCNK 소속 목회자들은 영국을 방문하여 '선교형 교회(Mission-shaped Church)' 운동을 살펴보고 〈그린벨트 페스티벌(Greenbelt Festival)〉에 참여하는 등 새로운 교회를 향한 비전을 수립하기 위한 노력을 전개하였다.

2017년에는 교회와 사회의 공론장을 연결하고, 우리 사회의 공론장에서 주목받는 여러 의제를 전문가들과 함께 나누기 위해 제1회 교회와 공동선 컨퍼런스 CCG(Church for the Common Good) 세미나를 열었다. 첫 번째 CCG 컨퍼런스는 "교회와 공동선: 더 좋은 세상을 위하여"라는 주제로 홍대 앞 〈창비센터〉에서 진행되었다. 2018년에 제2회 CCG에서는 "공동선을 향해 걷는 우리들의 이야기"라는 주제로 명동에 있는 〈마실〉에서 사회적 경제, 마을 만들기, 청소년 교육, 대안적 주거의 영역에서 활동하는 기독인들의 이야기를 나누었으며, 팬데믹 기간이었던 2022년도 제3회 CCG는 "돌아갈 수 없는 세계, 돌아가야 할 복음: 공공성을 회복하라!"라는 주제로 〈새문안교회〉에서 교회와 공공성, 공공선교, 시민사회 속의 청년들의 이야기를 다루었다. 최근에 진행된 2024년도 제4회 CCG에서는 "도시의 복음, 공동체로 말하다"라는 주제로 네 차례에 걸쳐 판교 〈하모니포씨티/성음아트센터〉와 〈광장교회〉에서 도시의 다양한 공동체를 통해 복음을 표현하고 활동하고 있는 교회와 활동가들을 소개하는 시간을 가졌다.

코로나19로 인해 대면 모임이 어려웠던 시기에도 도공연은 꾸준히 활동하였다. 코로나19로 어려움을 당한 이들을 위해 〈위드라이프〉, 〈에듀컬 코이노니아〉, 〈단꿈협동조합〉 등 지역센터와 기관들에 후원금과 지원 물품을 전달하였고, 특별히 2020년에는 도공연 설립 10주년을 맞아 기독 활동가 네트워크인 〈WHP(We Help People)〉를 런칭하였다. WHP는 기독 신앙을 가지고 다양한 공공영역에서 공동선을 세워가는 사회적 기업가, 시민운동가들을 연결하여 그들을 돕고 지원하는 프로젝트라고 할 수 있다.

이어지는 2021-2022년도에는 "포스트코로나 시대, 도시와 교회"라는 도시목회 연구모임, "코로나 시대, 그들은 어떻게 하고 있나?-영미권 교회를 중심으로"라는 온라인 목회 세미나 등을 진행하여 격변하는 시대를 맞고 있는 목회자들과 교회를 섬겼다.

또한 2022년 1월, 도공연은 〈대한예수교장로회총회 국내선교부〉와 MOU를 체결하였다. 목회지원과 한국 교회 영성 회복을 위해 양 기관이 결정 및 기관 운영에 필요하다고 인정된 분야 등에서 상호 협력할 것을 선언하였다. 2022년 8월에는 기독청년 연합캠프를 "하나님과 공하리: 기독청년과 공적인 삶, 하나님 나라의 선교적 삶"이라는 주제로 개최하여 도공연 소속 교회의 청년들이 하나님 나라의 새로운 도전과 가치를 발견하도록 돕고 그들을 향한 새로운 가능성을 또한 발견하는 시간을 가졌다.

2023년에는 '기독청년소셜라운지(Christian Social Lounge: CSL)' 프로그램과 〈교회밖새교회(Churches out of Church: COC)〉 네트워크를 시작하였다. CSL은 〈WeHelp〉에 함께하는 다양한 공공영역의 기독활동가들과 기독청년이 만나서 그리스도인의 공적 역할에 대한 새로운 관점을 나누며, 교회를 넘어 새로운 기독 청년 커뮤니티를 생성하고 활성화하기를 기대하는 프로젝트다. 2023년에 이어 2024년 2기 프로그램에는 신학생 청년들이 참여하였다.

COC는 교회 밖에서 새로운 형태의 교회를 세워가는 목회자들의 네트워크다. 일하는 목회, 일이 곧 목회인 목회자들의 모임으로 책방, 헬스장, 밥차, 출판사 등 다양한 모습으로 지역사회 안에서 선한 영향력을 끼치며 새로운 교회를 세워가는 이들을 함께 돕고 연결하는 프로젝트이다. 특별히 신학생들 가운데서도 자비량 목회를 꿈꾸는 이들을 위해 'COC-PUTS'를 만들어 세미나와 커뮤니티 모임 등을 진행하고 있다.

도공연은 2024년에 판교에서 광장동으로 연구소를 이전하였다. 신학생들을 대상으로 한 공동체 영화 보기 프로젝트인 '도공연 무비데이: 가치볼래'를 세 차례 진행하였고, 광장동 주민들을 위한 '브런치모임', '인문학 축제' 등을 준비하고 있다. 지역주민들과 협력하여 또 다른 연대와 커뮤니티를 이루어갈 일들을 기대하고 있다.

도공연의 지난 발자취들을 살펴보고 정리하며 하나님 나라를 위해 곳곳에서 헌신하는 이들이 참으로 많다는 것을 다시금 깨달았다. 또한 이들을 연결하고 돕는 우리의 사역이 참으로 가치 있고 중요한 사역이라는 것도 느낄 수 있었다. 도공연이 진행해 온 세미나와 연구들의 결과물이 책으로 나올 수 있게 되어 기쁘고 감사하다. 앞으로도 도공연이 하나님 나라의 복음을 선교적이며 공동체적인 삶을 통해 증언하며 한국 사회에 작은 희망의 빛을 전하는 기관이 되기를 바란다.

THE CENTER FOR
CITY AND COMMUNITY

우리의 사명은 교회가 지역사회의 일원으로서 공동체를 세우는 일에
헌신하도록 지원하는 것이다

Our mission is to support churches to build local community,
as part of their neighborhoods.

도시공동체연구소(The Center for City and Community)는 2010년 3월 설립된
기독교연구기관으로서 도시 선교와 지역공동체 형성, 그리고 더 나은 사회를
위한 교회의 역할을 연구하여 지역을 변화시키고 도시의 삶을 혁신하는 일에
헌신하기 위해 설립되었습니다.

아울러 지역 교회 목회자들과 '선교적 교회'의 비전을 꿈꾸며, 주님의 몸인 교회
를 오늘의 시대에 새롭게 표현하기 위해 한국선교적교회네트워크 MCNK(The
Missional Church Network in Korea)를 결성하여 목회자 운동을 전개하고 있습
니다.

WE HELP PEOPLE
WHO HELP PEOPLE

한국 사회의 공론장이 급격히 변하고 있습니다. 한국의 민주주의는 공정의 가치를 요구하고, 사회의 모든 구성원들에게는 성숙한 민주 시민의 역량을 요청하고 있습니다. 그러나 한국 교회는 사회적 신뢰를 잃어갈 뿐만 아니라 공론장에서 배제되거나 사회적 대화에서 고립되고 있습니다.

한국 교회는 많은 발전을 이룩했지만 성장주의와 번영신학을 극복하지 못하고, 공공성을 현저히 상실했습니다. 젊은이들은 교회를 떠나고 있고, 교회는 한국 사회 속 복잡한 과제에 대해 무기력하고 어떠한 공적 역할도 감당하지 못하고 있습니다.

〈도시공동체연구소〉는 창립 10주년을 맞아 삼위일체 하나님께 감사드리며, 앞선 상황 속에서 지금까지의 활동을 바탕으로 더 의미 있는 걸음을 걸어가려고 합니다.

도시공동체운동과 '선교적 교회' 운동으로 얻은 역량을 기반으로 공공 영역에서 '공동의 선'을 위해 수고하는 이들을 지지하고 돕는 운동을 한국 교회와 함께 전개함으로써 하나님 나라를 새로운 방식으로 증언하고자 합니다.

이는 한국적인 '선교적 교회'를 운동함이며, 한국적 상황에서 '공공신학'을 실천하는 것입니다.

〈We Help People〉
("우리는 사람을 돕는 사람을 돕는다.")

이 운동을 통해 선교적 교회와 신실한 그리스도인들이 한국 사회의 민주적 발전과 '공동의 선(the Common Good)'에 헌신하는 공적 역할에 기여하도록 돕고자 WHP를 창립합니다.